La Segunda Guerra Sino-Japonesa

Una Fascinante Guía del Conflicto Militar entre China y Japón, Incluyendo Eventos como la Invasión Japonesa de Manchuria y la Masacre de Nankín

© Copyright 2020

Todos los derechos reservados. Ninguna parte de este libro puede ser reproducida de ninguna forma sin el permiso escrito del autor. Los revisores pueden citar breves pasajes en las reseñas.

Descargo de responsabilidad: Ninguna parte de esta publicación puede ser reproducida o transmitida de ninguna forma o por ningún medio, mecánico o electrónico, incluyendo fotocopias o grabaciones, o por ningún sistema de almacenamiento y recuperación de información, o transmitida por correo electrónico sin permiso escrito del editor.

Si bien se ha hecho todo lo posible por verificar la información proporcionada en esta publicación, ni el autor ni el editor asumen responsabilidad alguna por los errores, omisiones o interpretaciones contrarias al tema aquí tratado.

Este libro es solo para fines de entretenimiento. Las opiniones expresadas son únicamente las del autor y no deben tomarse como instrucciones u órdenes de expertos. El lector es responsable de sus propias acciones.

La adhesión a todas las leyes y regulaciones aplicables, incluyendo las leyes internacionales, federales, estatales y locales que rigen la concesión de licencias profesionales, las prácticas comerciales, la publicidad y todos los demás aspectos de la realización de negocios en los EE. UU., Canadá, Reino Unido o cualquier otra jurisdicción es responsabilidad exclusiva del comprador o del lector.

Ni el autor ni el editor asumen responsabilidad alguna en nombre del comprador o lector de estos materiales. Cualquier desaire percibido de cualquier individuo u organización es puramente involuntario.

Índice

INTRODUCCIÓN A UNA DE LAS GUERRAS MÁS SANGRIENTAS DE LA HISTORIA 1
CAPÍTULO 1 - LAS RAÍCES DEL CONFLICTO 3
CAPÍTULO 2 - JAPÓN ANTES DE LA GUERRA 20
CAPÍTULO 3 - MANCHURIA/MANCHUKUO..26
CAPÍTULO 4 - LA CHINA PROPIA 37
CAPÍTULO 5 - OTRO "INCIDENTE" 40
CAPÍTULO 6 - LOS CONTRINCANTES 51
CAPÍTULO 7 - LA TRAGEDIA DE NANJING 71
CAPÍTULO 8 - ERAN PRESCINDIBLES..80
CAPÍTULO 9 - LA GUERRA SE PROLONGA 85
CAPÍTULO 10 - HORRORES POCO CONOCIDOS 92
CAPÍTULO 11 - AMIGOS..99
CONCLUSIÓN - EL FIN DE LA GUERRA 107
VEA MÁS LIBROS ESCRITOS POR CAPTIVATING HISTORY 111
FUENTES 112

Introducción a Una de las Guerras Más Sangrientas de la Historia

Para la mayoría de los europeos, la Segunda Guerra Mundial empezó en 1939 con la invasión alemana de Polonia. Quienes habitan en territorios de la Unión Soviética marcan el principio de la "Gran Guerra Patriótica" en el 22 de junio de 1941, cuando los ejércitos de Hitler atacaron su país (olvidando convenientemente la invasión soviética de Finlandia y el este de Polonia en 1939). Por lo general, los americanos consideran que su guerra empezó el 7 de diciembre de 1941 con el ataque japonés a Pearl Harbor. Es todo cuestión de perspectiva.

Sin embargo, si nos ceñimos al continente asiático, la perspectiva es totalmente diferente. Los historiadores difieren sus opiniones, pero normalmente se dividen en dos grupos según su idea de cuándo empieza la 2ª Guerra Mundial en Asia: bien en 1931 con la invasión japonesa de Manchuria, que por entonces era una región semiautónoma de China, o bien en 1936, cuando los japoneses invadieron China. En cualquier caso, la guerra en Asia se postergó durante mucho más tiempo que en Europa y se llevó muchas vidas, la mayoría chinas.

Para muchos occidentales, la segunda guerra sino-japonesa, que tuvo lugar entre las décadas de 1930 y 1940, fue una especie de función secundaria de la Segunda Guerra Mundial. En realidad, no hay forma de separar ambos conflictos. Imagine la guerra del Pacífico, el escenario de la Segunda Guerra Mundial que tuvo lugar en el océano pacífico. Si los japoneses no hubieran estado ocupados en otro frente, habrían tenido millones de tropas adicionales para luchar contra americanos y británicos. La guerra habría terminado muy probablemente con el mismo resultado, pero habría durado mucho más y se habría llevado muchas más vidas.

Para entender el conflicto entre ambos poderes asiáticos, tenemos que retroceder atrás en el tiempo: los antecedentes de la hoy llamada segunda guerra sino-japonesa son muchos, y muy antiguos.

Capítulo 1 – Las Raíces del Conflicto

En China, la guerra contra Japón recibe varios nombres además del oficial ("La Guerra de los Catorce Años de Resistencia"). Anteriormente se la llamó "Guerra de los Ocho Años de Resistencia", y en ocasiones también se cita como parte de la "Guerra Mundial Anti-Fascista", como de hecho fue.

En el Japón moderno, el conflicto suele llamarse "Guerra Chino-japonesa", pero cuando empezó, el gobierno japonés se refirió a la guerra como "Incidente en el Norte de China". Eso cambió poco después de que Japón invadiera Shanghái, momento en que el nombre de la guerra se simplificó como "Incidente de China", lo cual es una declaración claramente incompleta. La palabra "incidente" se debe en parte a que nunca hubo una declaración formal de guerra, y también a que Japón buscaba una forma de restarle importancia a sus acciones de cara al público internacional.

Incluso hoy, cuando casi todo el mundo tiene claro quién es el responsable de la guerra en China, algunos japoneses, debido a la influencia del gobierno, se refieren a ella como "Incidente entre China y Japón". Este "incidente" costó más de veinte millones de vidas.

Cuando la 2ª Guerra Mundial estalló en el Pacífico, la guerra en China se convirtió en la "Guerra del Este de Asia", un término mucho más preciso por los miles y miles de kilómetros en que tuvo lugar y que abarcan, directa o indirectamente, China, Japón, Estados Unidos, Gran Bretaña, India y la Unión Soviética.

Para entender la segunda guerra sino-japonesa, debemos remontarnos antes a la primera. Sin embargo, si queremos comprender el conflicto, tendremos que retroceder aún más en el tiempo para averiguar qué llevó a ambos países a ese punto. Por supuesto, lo ocurrido en siglos previos a la segunda guerra sino-japonesa no incide directamente sobre el tema en cuestión, pero tampoco se puede decir que no causara ningún efecto en él.

Raíces

Los historiadores, y ahora también los etnólogos genéticos (quienes estudian las raíces genéticas de las civilizaciones y sus migraciones) saben que Japón estaba poblado originalmente por los Jomon, un grupo étnico cuyo ADN aún está presente en los Ainu, quienes viven en el norte de Japón (sobre todo en la isla norteña de Hokkaido) y cuyo aspecto es notablemente distinto del de la mayoría de los japoneses. Los Jomon tienen un parentesco genético con gran parte de los pueblos indígenas del norte de Asia, y en menor medida, con los nativos norteamericanos.

Los habitantes del continente asiático, conocidos como Yayoi, emigraron a Japón y se entremezclaron con los grupos nativos que ya vivían allí. Esa mezcla resultó en el pueblo japonés de hoy en día. Todo esto tuvo lugar aproximadamente entre los años 300 a. C. y 300 d. C. Con el tiempo, se desarrolló una cultura japonesa única.

Los japoneses destacan en muchos aspectos. Uno de ellos es su capacidad para absorber y adaptar tecnologías y culturas foráneas a la suya propia. Durante los primeros siglos tras su llegada, los Yayoi, que más tarde se convertirían en los japoneses modernos, importaron buena parte de su cultura de Asia. Esto incluía su sistema de escritura, su religión y sus creencias filosóficas, además de la ropa y las costumbres en la corte. Conforme pasaba el tiempo, estos aspectos cambiaron para adaptarse a lo que empezaba a convertirse en una cultura única y geográficamente aislada. Los caracteres chinos pasaron a ser japoneses, y las ideas budistas se convirtieron en creencias exclusivas de Japón, como se refleja en el budismo Zen.

Durante muchos siglos, los japoneses vivieron en relativo aislamiento. Por supuesto, comerciaron con China y el continente asiático (sobre todo Corea) y Japón dejó de depender de China en muchos recursos, como la cara seda que se usaba para tejer las vestiduras de la clase alta, como los kimonos.

Dada su larga historia, podría pensarse que Japón y China han librado numerosas guerras entre sí, pero ese no es el caso. Para los chinos, Japón era un país rural, separado además por todo un océano. El comercio con los japoneses era solo una pequeña parte de su economía, ya que China mantenía un comercio mucho más lucrativo con occidente (principalmente los reinos de Oriente Próximo y, más tarde, Europa) y en el sur, con India y los estados tributarios del sureste asiático.

Japón, por su parte, pasó buena parte de su historia temprana en guerra consigo misma. El auge de los samuráis y su etología guerrera se produjo en torno al año 900, y sus ideologías y prácticas se extendieron más tarde. Los clanes formaron alianzas y enemistades que durarían décadas, mientras intentaban unir al país bajo el mandato de un solo hombre (o una sola familia), o al menos unificar una zona del territorio.

No fue hasta finales del siglo XIII cuando las fuerzas nacionales de ambos países se enfrentaron en el campo de batalla. Hablamos de la invasión fallida de Japón por parte de los mongoles, quienes ya habían conquistado a China en décadas anteriores.

Los mongoles, cuyo ejército también integraba a chinos y coreanos, intentó conquistar Japón en dos ocasiones: 1274 y 1281. Una enorme flota china-mongola (la mayoría de los almirantes eran de etnia china, ya que los mongoles eran jinetes nómadas de la estepa asiática y no estaban tan familiarizados con el océano) apareció en la costa noroeste de Kyushu, la isla más al sur de Japón en 1274, después de que las peticiones de Kublai Khan, el emperador mogol, fueran rechazadas. De hecho, habían sido *firmemente* rechazadas: sus emisarios fueron decapitados, y los chinos enviaron sus cabezas de vuelta a China.

Aunque los mongoles lograron establecer una posición sólida en su primer intento, las tormentas echaron al traste ambas conquistas destruyendo muchos de sus barcos y obligándolos a retirarse debido a la falta de suministros. En ambas invasiones, los guerreros de ambos bandos se enfrentaron con frecuencia, aunque muchos creen que las tormentas evitaron que se produjeran batallas de gran magnitud. En el primer caso, las tácticas mongolas parecieron funcionar por un tiempo mejor que las japonesas, que consistían principalmente en luchar "honorablemente" en uno contra uno. Para cuando se produjo la segunda invasión, los japoneses habían levantado defensas considerables y utilizaron tácticas diferentes para detener a los mongoles. También desarrollaron una forma primeriza de grupo de operaciones especiales. Esos hombres se encargaron de nadar hasta la flota mongola y prender fuego a numerosos navíos.

Tras aquellos dos costosos intentos, Kublai Khan y sus descendientes cesaron en su empeño de conquistar la nación isleña, aunque seguían reclamándola como suya. Como podría imaginarse, las tormentas que detuvieron ambos intentos de invasión fueron llamadas "viento divino" o *kamikaze* por los japoneses, quienes interpretaron que los dioses habían enviado al viento para protegerlos.

Durante los seis siglos siguientes, Japón y China vivieron en un relativo estado de paz, aunque ambos bandos atacaron mutuamente sus costas y rutas de suministros mediante piratas y, en algunas ocasiones, incluso con flotas unidas.

A finales del siglo XVI llegó una nueva fuerza a la lucha de poder político en Asia: los europeos. Procedían de varias naciones, incluyendo España, Portugal, Holanda e Inglaterra. Durante la "Era del Descubrimiento", los navegantes europeos buscaron una ruta más rápida hacia las riquezas de Asia. Cruzando los mares en lugar de las extensas tierras del Oriente Próximo y el lejano, esperaban evitar no solo a clanes, bandidos y naciones, sino también los impuestos y los peajes de quienes estaban al mando. Los europeos fueron los primeros en navegar los océanos en multitud, con la esperanza de hallar una ruta más sencilla hacia China e India y los tesoros que sabían que allí encontrarían: joyas, oro, seda y especias, las cuales ya habían sido comercializadas a través de la enorme "Ruta de la seda" que describieran Marco Polo y otros.

Las reacciones de Japón y China a la llegada de los europeos fueron muy diferentes, y el tamaño de ambos países tuvo mucho que ver en ello. China, uno de los reinos/naciones más grandes del planeta, era difícil de controlar, sobre todo cuando caían dinastías o señores de la guerra se apoderaban de la capital. En muchas ocasiones, los europeos intervinieron y enfrentaron a un señor de la guerra con otro para conseguir derechos de comercio. Hacia principios del siglo XIX, la dinastía dominante en China, los Qing, empezaba a debilitarse, y con la llegada de las fuerzas militares de occidente y su avanzada tecnología, el gobierno empezó a hacer concesiones a varios países europeos para evitar conflictos que quizá no podrían ganar.

Por el contrario, Japón, hacia finales del siglo XIV y principios del XV, se unificó bajo la seña de una sola familia: el clan Tokugawa. Su primer gobernante, Tokugawa Ieyasu, se hizo shogun ("general bárbaro y conquistador") en el año 1600. Cuando murió dieciséis años más tarde, Tokugawa Ieyasu había expulsado a todos los extranjeros de Japón, salvo por una pequeña zona en torno a la ciudad sureña de Hiroshima. A los japoneses también se les prohibió viajar al extranjero. El dirigente tenía muchos objetivos, entre los cuales proteger la naturaleza única de Japón era de extrema importancia para él. Su política de aislamiento continuó hasta la década de 1850, cuando los estadounidenses amenazaron a Japón para que se abriera al comercio extranjero y permitiera los viajes. Aun así, los japoneses, sobre todo tras la restauración del poder imperial en 1868, siguieron controlando estrictamente a los extranjeros y lograron enfrentar a los poderes occidentales entre sí.

Tokugawa Ieyasu había comprado armas a los europeos, pero no permitía que se produjeran en su país. Para su consternación, China sí lo permitió. Siendo justos, muchos factores contribuyeron al declive del poder de China a principios del siglo XVIII. Uno de ellos fue la debilitación de la dinastía Qing, que se hizo cada vez más corrupta. Entre 1839 y 1842, los chinos lucharon la primera guerra del Opio contra los británicos, quienes se habían asegurado un monopolio virtual en el comercio del opio en India y el Oriente Próximo y deseaban venderlo también en China. Por su parte, los chinos llevaban un buen tiempo batallando contra la adicción al opio y no querían abrirle esa puerta al Reino Unido. Sin embargo, el comercio era tan lucrativo que los británicos estaban dispuestos a ir a la guerra contra China. La guerra resultó una derrota humillante para los chinos, quienes se vieron superados en número y tecnología, a pesar de que el ejército británico era mucho más pequeño.

La primera guerra del Opio obligó a China a abrir cinco puertos de comercio, lo que permitió a Gran Bretaña controlar virtualmente la actividad económica de esos lugares. Además, la isla de Hong Kong pasó a manos británicas. Aun así, tras la primera guerra, China hizo cuanto pudo por obstaculizar tanto a los británicos como a otras naciones occidentales, que no solo buscaban reforzar los "derechos" adquiridos tras la primera guerra, sino que también querían abrir más rutas comerciales con China. Sobre todo, y de manera previsible, para el comercio de opio.

Ilustración 1: Representación de una batalla entre las fuerzas chinas y británicas durante la segunda guerra del Opio

Entre una y otra guerra, hubo muchos incidentes en los que los civiles chinos atacaron a europeos, a quienes veían en general como invasores y ladrones. En represalia, las fuerzas francesas y británicas respondieron a menudo con fuerza o exigieron al gobierno chino que entregara a sus rebeldes para juzgaros en Francia o Gran Bretaña. Juzgar a criminales de otros países ante juzgados nacionales siempre ha sido, y sigue siendo, una práctica habitual. Sin embargo, desde la perspectiva europea de la época, China había sido muy permisiva con muchos de sus ciudadanos, que bloqueaban el libre comercio de los ingleses siempre que podían.

La segunda guerra del Opio se luchó entre 1856 y 1860, unos diez años después de la primera y enfrentando de nuevo a China contra Gran Bretaña y, esta vez, también Francia. De nuevo, China fue derrotado y los europeos consiguieron aún más concesiones. En China, mucha gente no solo estaba furiosa con los europeos sino también con su propio gobierno, al que consideraban débil e incompetente.

En el transcurso del siglo XIX, cada vez más países europeos exigieron los mismos derechos económicos a China. Entre estos países estaban Rusia, Alemania, Bélgica, Italia y Holanda. Hacia la última década del siglo, muchas de estas naciones ya habían logrado las concesiones que buscaban en las ciudades costeras de China. En algunas de esas ciudades eran los extranjeros quienes controlaban el comercio, los impuestos e incluso qué personas podían vivir allí. En realidad, el comercio chino con el mundo exterior estaba controlado por potencias extranjeras.

Dos de esas potencias se unieron tarde al juego: Estados Unidos y Japón. Aunque EE. UU. empezó con un intento de establecer una política de comercio más justa para los chinos (la llamada política de "Puertas Abiertas"), lo cierto es que las empresas norteamericanas también acabaron uniéndose al intento de llevarse su "parte justa" del mercado chino. Además, aunque los europeos habían empezado a traer misioneros cristianos a China, no fue hasta la llegada de los estadounidenses cuando el cristianismo empezó a propagarse lentamente por el país. Y en su mayor parte, solo consiguieron crear más rencor.

Japón, que entre 1868 y finales de siglo se habían convertido en el país más tecnológicamente avanzado de Asia, también quiso su parte del pastel, ya que los europeos no estaban consiguiendo poder únicamente en China, sino en toda Asia.

El ascenso de Japón a la categoría de potencia mundial empieza en Corea, que por entonces era un reino unificado al que a veces se le llamaba "reino ermita" debido a su aislamiento del resto del mundo.

Durante siglos, Corea había proporcionado a China importantes tributos y grandes cantidades de hierro y carbón. El desarrollo tecnológico de Japón dependía en buena parte de todo ello, así que empezaron a considerar a Corea como su principal objetivo militar. Cuando China se negó a comerciar con Corea, los japoneses lo utilizaron como excusa para declarar la guerra. El posterior conflicto, la primera guerra sino-japonesa, duró nueve meses entre 1894 y 1895, y se saldó de nuevo con una derrota para China. Japón se apoderó así de Corea, a la que absorbió y colonizó, y también obligó a China a cederles el control de Taiwán. Del mismo modo, exigieron los mismos derechos que tenían los europeos en sus ciudades costeras.

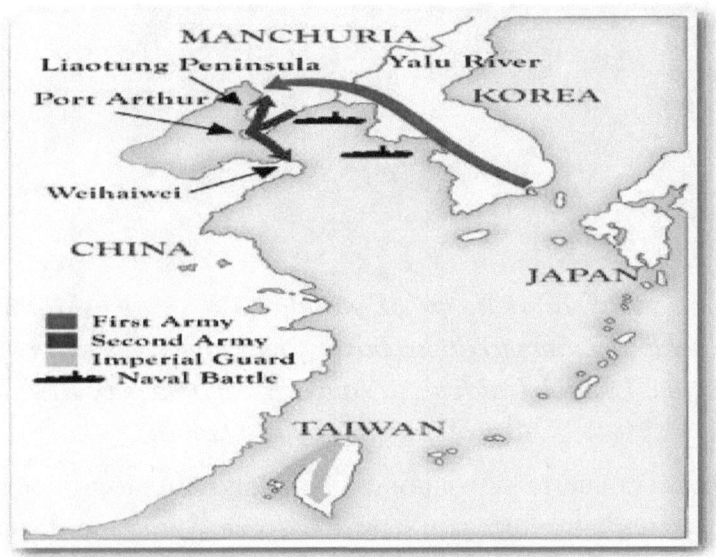

Ilustración 2: Ofensivas importantes de la primera guerra sino-japonesa

Entre 1899 y 1901, las fuerzas japonesas se unieron a las europeas para sofocar el levantamiento de los bóxers contra la influencia europea. Así, Japón se aseguró aún más concesiones en China. El levantamiento de los bóxers destacó por las atrocidades de ambos bandos, ya que civiles y milicias chinas mataron y torturaron a soldados enemigos e incluso violaron a las mujeres que cayeron en sus manos. Por su parte, las tropas alemanas, rusas y japonesas también exhibieron fuertes represalias en respuesta. Sobre todo las japonesas, que a menudo quemaron aldeas enteras.

Ilustración 3: Tropas de la "Alianza de las 8 Naciones" durante la época del levantamiento de los bóxers. De izquierda a derecha: Gran Bretaña, Estados Unidos, Australia, el Raj británico, Alemania, Austro-Hungría, Italia y Japón

La primera guerra sino-japonesa también enfrentó a Japón contra Rusia, que tenía frontera con China y Corea. Surgieron disputas por fronteras marinas, así como por Manchuria, una región al norte de China rica en recursos. A menudo, el control de las fronteras marinas suponía el control de los países y sus economías.

El mundo esperaba que los rusos derrotaran contundentemente a los japoneses. Esto se debía al enorme tamaño de Rusia, a la que se creía militarmente superior (sobre todo en el mar) y a la noción racista de que la pequeña Japón no podrían derrotar a los europeos en el campo de batalla. Por supuesto, no es necesario ser grande para disparar un arma.

Entre 1904 y 1905 se produjo la guerra ruso-japonesa, que se saldó con una derrota rusa. Un tratado mediado por el presidente de los EE. UU., Theodore Roosevelt, puso fin a la guerra, lo que aseguró a Japón más derechos y privilegios en Manchuria y el norte de China. También debilitó al ejército ruso y permitió que Japón se uniera a las naciones europeas como potencia mundial.

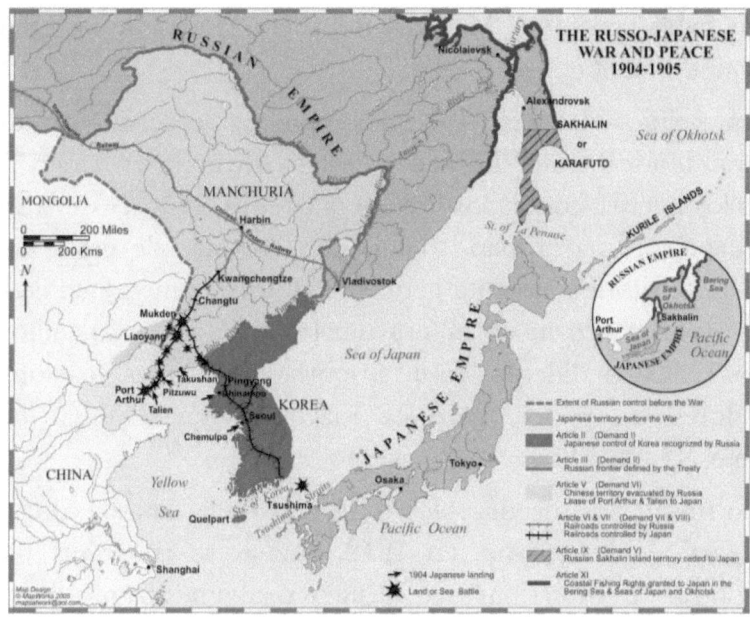

Ilustración 4: Acciones importantes y resultados de la guerra ruso-japonesa, 1904-05

La división de ciudades costeras chinas en concesiones, las cesiones de Taiwán, Hong Kong y otros territorios (como Macao) y el control económico extranjero debilitaron enormemente a China. Por supuesto, también despertaron un gran resentimiento en el país. En las siguientes tres décadas, los movimientos comunistas y nacionalistas en el país trataron de sacarle partido a dicho resentimiento y convertirlo en poder político, pero hasta la victoria comunista de 1949, no tuvieron éxito. De hecho, consiguieron todo lo contrario.

Durante muchos años, varios movimientos en China, ya fuera a nivel local o nacional, habían intentado reformar o derrocar a la dinastía Qing, que llevaba gobernando en China con diversos grados de eficacia desde 1644. Tras las derrotas de las guerras del opio, muchos ciudadanos chinos empezaron a creer que los Qing estaban perdiendo el "Mandato del Cielo", la creencia tradicional china de que los regímenes llegaban al poder porque los dioses así lo querían o permitían. Perdido el apoyo divino, se avecinaban tiempos difíciles. Cuando la mayoría de la población empezó a preguntarse si la dinastía había perdido el Mandato del Cielo, el final de los Qing pasó a ser cuestión de tiempo.

A principios del siglo XX, los Qing gobernaban, en muchos aspectos, teóricamente. La nación estaba dividida en cinco feudos, donde los líderes, conocidos hoy en día como "señores de la guerra", acumulaban la mayor parte del poder. Algunos de estos hombres presidían territorios bastante pequeños. Otros, como el general Yuan Shikai, dirigían provincias enteras en las que habitaban millones de personas. Estos líderes eran importantes figuras nacionales y mediadores de poder, pero la mayoría eran también bastante corruptos.

Y lo mismo les sucedía a los dirigentes de la dinastía Qing. En la etapa final de la dinastía, en 1912, apenas se conseguía nada de importancia en China sin que alguien recibiera algún soborno. La presencia extranjera en zonas costeras complicó esto aún más, ya que los forasteros también querían su parte de los beneficios.

Lógicamente, China se estancó. La población (que ya en el año 1900, con más de 400 millones, era la población nacional más numerosa del mundo) era abrumadoramente pobre. La mayoría de los ciudadanos vivía en el campo y eran campesinos con pocos o ningún derecho. Los desastres naturales ocurrían con frecuencia, incluyendo plagas de langostas, hambruna, epidemias e inundaciones. Estas últimas, cuando se producían en los ríos principales, causaban la muerte de decenas de miles de personas, lo que a su vez daba lugar a más epidemias y miseria.

Si bien muchos de estos desastres eran inevitables, la falta de planificación y de sistemas para aliviar los daños empeoraron la situación. El dinero y los recursos para la construcción de muros y otras medidas preventivas caían a menudo en manos privadas, tras lo cual nunca volvían a ser vistos.

Además, los campesinos estaban sujetos a las normas, leyes y tradiciones antiguas, lo que hacía su existencia aún más miserable. La "clase de los terratenientes" era el eterno enemigo de la población china. Los terratenientes solían vivir a cientos de kilómetros de distancia de las tierras en que gobernaban. Muchos recurrían a supervisores para controlar sus tierras, pero estos supervisores a menudo abusaban de su cargo para enriquecerse, sobre todo con abusos sexuales a las esposas o hijas de los campesinos.

Cuando llegaba la hambruna, hecho que sucedía con alarmante regularidad, los terratenientes y los gobiernos locales debían tener suministros de emergencia preparados. En ocasiones los tenían, pero la mayoría de las veces, esas reservas se vendían al mejor postor, quien a menudo resultaba vivir muy lejos de la zona afectada.

Todo esto llevó a su vez a frecuentes revueltas campesinas. Solían ser muy violentas, pues los campesinos sabían que, si no tenían éxito, seguramente perderían sus vidas de la forma más brutal. Los terratenientes fueron ahorcados, desmembrados y arrojados por pozos, solo por nombrar algunos de los destinos que sufrieron. Lo mismo les ocurrió a los campesinos que fueron castigados por las milicias locales o los matones a los que los terratenientes contrataban para sofocar las rebeliones.

A nivel nacional, los elementos más avanzados de la sociedad -es decir, aquellos con dinero, conexiones y educación- formaron el Kuomintang, más comúnmente conocido como el grupo de los Nacionalistas Chinos. Su líder era Sun Yat-sen, quien había estado trabajando por la reforma y la revolución desde finales del siglo XIX. Sun, a quien aún se lo conoce como el "Padre de la China Moderna" en su país, había recibido formación medicinal, pero en sus viajes vio la miseria del pueblo chino y la corrupción de su gobierno, y se decidió a cambiar la situación. Tras hacerse revolucionario, recorrió el país en busca de contactos, escribió libros y panfletos, dio discursos y recaudó dinero. A menudo se vio obligado a huir para seguir vivo y acabó viajando a Gran Bretaña, Japón y Canadá. En esos países aprendió, de forma más personal, los entresijos de la política democrática. En Japón aprendió la importancia de la fuerza para limitar la influencia extranjera.

Cuando regresó a China en 1903, Sun ayudó a formar la "Liga Unida", el primer movimiento nacional de resistencia al Qing. Fue un importante primer paso, pero el grupo no estaba fuertemente unido y, si bien logró publicitar sus objetivos, no consiguió producir un cambio revolucionario a nivel nacional. Sun volvió a viajar al extranjero, esta vez a Estados Unidos, para recaudar dinero y conseguir simpatía por el pueblo chino.

Ilustración 1: Sun Yat-sen

La relación entre China y Estados Unidos antes de la 2ª Guerra Mundial era interesante. Aunque EE. UU. no tuvo nada que ver con las concesiones a principio del siglo XX, el país era "lo mejor de lo peor" a ojos de los chinos, por así decirlo, y sus intentos por recuperar algo de dignidad china con sus políticas se veían con buenos ojos. Adicionalmente, miles de misioneros cristianos estadounidenses acudieron a China a finales del siglo XIX y principios del XX. Muchos chinos desconfiaron de los intentos de un país joven por "educarlos" en cuanto a la naturaleza divina y universal, muchos adoptaron la nueva fe. Quienes no lo hicieron, consideraron al menos que los estadounidenses (junto con muchos británicos y canadienses) intentaban mejorar las vidas de los campesinos chinos construyendo escuelas y enviando medicinas, comida y demás.

Hacia 1911, la insatisfacción con los Qing había llegado a su punto máximo. Varios cargos de corrupción por un importante proyecto de vías ferroviarias despertaron la ira de trabajadores y extranjeros en la China central, y la policía secreta de los Qing destapó una conspiración militar en la provincia de Wuhan, la cual derivó en un motín que se propagó más tarde por todo el país.

Los Qing pidieron al señor de la guerra Yuan Shikai que reestableciera el orden y formara un nuevo gobierno, pero Shikai titubeó y sus esfuerzos fueron en vano. En 1912, Sun Yat-sen se había convertido en la figura principal de las fuerzas anti-Qing y dialogó con Yuan, quien representaba al gobierno Qing. Esos eventos condujeron a la abdicación de Puyi, el emperador de dos años (estos eventos fueron narrados en la película *El Último Emperador,* 1987).

Sun y sus aliados redactaron una nueva constitución para el país, pero dado que Sun era una figura más bien divisoria con muchas conexiones extranjeras, Yuan Shikai fue nombrado presidente, aunque todos sabían que era Sun quien mantenía las riendas del poder.

Uno de los principales aliados de Sun era su consuegro Chiang Kai-shek. Chiang era un militar confabulador que aprovechó su posición para procurarse el poder que deseaba. Su esposa, Soong Mei-ling, era aún más maquinadora que Chiang. Procedía de una acaudalada familia de mercaderes, los Soong (como vemos, en Japón, al igual que en otras naciones asiáticas, el apellido familiar se nombra al principio). Ambos estaban en una posición inmejorable para hacerse con el poder cuando Sun murió en 1925.

Por desgracia para China, los Nacionalistas Chinos no fueron capaces de gobernar con eficacia fuera de las ciudades costeras. En el enorme territorio interior y las ciudades centrales de China, los señores de la guerra, que se habían vuelto aún más numerosos y poderosos tras la deposición de los Qing, tenían enormes extensiones de territorio bajo su control. Sin ellos, el Partido Nacionalista Chino no pudo gobernar y se vio obligado a negociar y comprometerse con señores de la guerra en todo el país.

Ese compromiso con señores de la guerra corruptos, así como los abusos que se venían cometiendo desde hacía mucho tiempo, resultaron en el rápido ascenso de un nuevo partido nacionalista: el Partido Comunista de China, fundado formalmente en 1921 en Shanghái. La mayoría de sus integrantes habían formado parte del ala radical del Partido Nacionalista por un tiempo, pero se adherían a las enseñanzas de Karl Marx en Alemania y Vladimir Putin en Rusia. Convencidos de poder fomentar una rebelión comunista en una sociedad agraria (cuando Marx creía que todo país debía pasar por una etapa de trabajadores y capitalistas para que el socialismo o el comunismo tuviera éxito), formaron el Partido Comunista de China tras desilusionarse con la ineficacia del Kuomintang (el Partido Nacionalista Chino) y la continua corrupción en la sociedad del país. Entre ellos estaban Mao Zedong y Zhou Enlai.

Ilustración 2: Zhou Enlai y Mao Zedong, 1935

Hacia 1927, las diferencias entre ambos partidos en cuanto a creencias y objetivos eran tan grandes que la guerra civil china acabó estallando. Los comunistas recibieron cierta ayuda de la Unión Soviética, pero se vieron ampliamente superados por el Kuomintang y los ejércitos de los señores de la guerra que se aliaron con ellos.

Los comunistas chinos tenían varias ventajas. En primer lugar, al contrario que el Kuomintang, se los consideraba libres de influencia extranjera y corrupción. En segundo, operaban en células secretas, con lo que destruirlos era casi imposible. En tercero, se concentraban en el campo, pues eran en su mayor parte campesinos ocultos entre otros campesinos, con objetivos similares a sus congéneres. En cuarto, tras varias duras lecciones, los comunistas dieron comienzo a una guerra de guerrillas, atacando por sorpresa para después retirarse antes de que pudiera organizarse una respuesta. Finalmente, los comunistas contaban con una filosofía atractiva que se combinó con una propaganda muy efectiva. Sus creencias, por resumirlas con sencillez, pasaban por gobernar de abajo arriba en lugar de arriba abajo. No buscaban lentas reformas como proponían los nacionalistas, sino que abogaban por una inmediata erradicación de la clase terrateniente, lo cual llevaron a cabo en las áreas rurales que controlaban.

En 1931, China era una nación dividida. Ya había una guerra en pequeños arrebatos entre comunistas y nacionalistas, los extranjeros controlaban gran parte de la economía y el gobierno central se comprometía con señores de la guerra corruptos que controlaban sus propios ejércitos privados, algunos de los cuales eran de tamaño considerable. En este momento, China no era un país fuerte sino más bien un objetivo, y en 1931 Japón decidió actuar contra China, algo que los japoneses llevaban un buen tiempo planeando.

Capítulo 2 – Japón antes de la Guerra

En las décadas de 1920 y principios de los 30, Japón era un país en guerra contra sí mismo. No se trataba de una verdadera guerra civil como la que aconteciera en Estados Unidos en la década de 1860, pero el país estaba dividiéndose en distintas direcciones por las facciones políticas y el trasfondo cultural. Y para cada acción había una reacción opuesta.

No deberíamos olvidar la situación geográfica de Japón y las restricciones que aplicaba para con su gobierno y su población. Como la mayoría de la gente sabe, Japón es una cadena de islas, aproximadamente del tamaño de California. En 1930, la población japonesa era de unos 65 millones de personas, el doble de California, el estado más poblado de EE. UU. No obstante, al contrario que dicho estado, Japón no cuenta con una extensa tierra cultivable para sustentar a su población. Aún hoy, Japón se ve obligada a importar buena parte de su suministro alimenticio. Esas son dos razones por las cuales el coste de vida es tan alto en el Japón moderno.

Por si fuera poco, las islas no tienen apenas reservas de carbón o petróleo, dos recursos vitales para todo país moderno. En la actualidad, aunque Japón cuenta con fuentes alternativas de energía, sigue dependiendo del petróleo extranjero, lo que lo deja en posición vulnerable.

Si se examina la historia en busca de razones por las cuales estalló la guerra, suele descubrirse que todas las naciones implicadas tenían cierto grado de culpa. Esto es cierto incluso con la guerra del Pacífico en la década de 1940, pero cuando examinamos la segunda guerra sino-japonesa, la culpa en su totalidad puede atribuirse a los japoneses. Esto no significa que Japón no tuviera motivos propios, los cuales repasaremos en los siguientes párrafos.

Japón ganó su primera guerra contra China en 1896. También salió victorioso contra Rusia en 1905. En la 1ª Guerra Mundial, Japón se unió a los Aliados (Gran Bretaña, Francia, EE. UU. e Italia). Aunque Japón ya era ostensiblemente una democracia parlamentaria por entonces, esa alianza no se formó porque el país simpatizara con los poderes democráticos. No, Japón se unió a los aliados porque se dio cuenta de que Alemania poseía territorios importantes en el Pacífico, además de varias concesiones en China. Sin una marina en Asia para defenderlos, esos territorios quedaban expuestos a la conquista. Los poderes occidentales estaban más que dispuestos a dejar que los japoneses se encargaran de las pequeñas fuerzas alemanas en Asia para no tener que dividir sus ejércitos en Europa. De todos modos, en su conjunto, los territorios y concesiones de Alemania no eran tan valiosos como los de Gran Bretaña y Francia.

En Japón, las victorias de las guerras a finales del siglo XIX y principios del XX reforzaron a los militaristas, quienes creían que el pasado marcial/samurái de Japón podría renacer en la era moderna. En algunos ambientes, ese militarismo tenía cierto matiz racista, especialmente respecto a china, a la que muchos japoneses consideraban débil, desorganizada, sucia y más bien poco civilizada. Después, dicho racismo se aplicaría también a las potencias europeas y los Estados Unidos con un doble filo: Japón conseguiría una pizca de apoyo por parte de otras potencias asiáticas si afirmaba que los europeos deberían ser expulsados de Asia para dejar de dominarla.

Parte de los integrantes de la derecha política en Japón también creían que los estadounidenses y los británicos eran decadentes y "débiles", pues no contaban con el espíritu marcial de los samuráis. Es fácil ver por qué esto llevó a una alianza con la Alemania Nazi décadas después, pero hablaremos de eso más tarde.

Entre el 1600 y 1868, Japón había estado gobernado por la familia Tokugawa, dinastía que, al igual que casi todas las demás, se volvió débil y corrupta con el tiempo. Hacia 1860, la mayor parte de los japoneses creían que su nación corría el riesgo de verse debilitada por la influencia foránea al igual que China, además de sentirse asqueados por la extensa corrupción de su gobierno. Por si fuera poco, los líderes del shogunato Tokugawa (llamado así por su máximo mandatario, el shogun) estaban dispuestos a mantener las cosas tal como estaban; es decir, un mundo samurái con un uso limitado de la tecnología moderna.

En la década de 1860, la guerra civil estalló en Japón. Hacia 1868, las fuerzas que apoyaban al emperador y deseaban que recuperara todo su poder (en lugar de mantenerse como figura representativa) ganó la guerra. El emperador Meiji (1852-1912) pasó a tener plenos poderes, gobernado con el apoyo del parlamento. Este período se conoce como Restauración Meiji, y simboliza no solo el regreso del emperador al poder sino también un período en la historia de Japón en el que el país no tuvo rival en cuanto a su crecimiento y modernización, hasta llegar a nuestros días.

El hijo de Meiji, el emperador Taishō, no estaba en absoluto a la altura de su padre. Durante su reinado entre 1912 y 1926, aparecieron otros pretendientes que codiciaban su poder, ya que Taishō no parecía especialmente preocupado por mantenerlo. El emperador tenía otros problemas, como una serie de enfermedades que limitaron sus habilidades. Eran problemas neurológicos en su mayoría, pero el emperador también sufría otros problemas, como una grave falta de carisma y una escasa capacidad para expresarse, lo que lo distanció de los demás. Taishō, al contrario que su padre, llevó una vida reclusa y no se dejó ver con frecuencia en la prensa. Esto animó a militares y políticos en su búsqueda de poder propio.

Aunque el movimiento por una democracia parlamentaria más occidental ya había crecido durante un tiempo, no fue hasta el final de la 1ª Guerra Mundial cuando Japón cambió a un sistema parlamentario bipartidista.

Obviamente, ese sistema traía diversas ventajas, pues había una mayor variedad de opiniones y la gente podía participar más en las decisiones de su gobierno. Pero esta "democratización" del país agitó a algunos, sobre todo a quienes tenían un trasfondo aristocrático o samurái. Los samuráis habían sido oficialmente abolidos como clase bajo el reinado del emperador Meiji, pero los métodos y tradiciones antiguos seguían muy arraigados en el país.

El emperador japonés seguía teniendo la última palabra, pero bajo el mandato de Taishō, el poder pasó a manos de los *genrō* (hombres procedentes de samuráis que apoyaban al emperador Meiji), el Lord del Sello Privado y el jefe de la Casa Imperial.

Uno de los *genrō*, Saionji Kinmochi, el político más poderoso de principios del sigo XIX, era un firme defensor de la ampliación de la democracia parlamentaria en Japón. En 1918, Hara Takashi, uno de sus discípulos, se convirtió en el primer ministro. Para buena parte de la derecha política, esto fue una conmoción. Hara era un plebeyo, aunque afirmaba descender de samuráis. Al igual que su mentor, era liberal y deseaba que Japón se abriera más a las ideas occidentales.

Hara también deseaba limitar el poder de los militares en Japón. Muchos de los políticos de la Dieta Imperial (el parlamento de Japón) estaban en el bolsillo de los militares o bien se alineaban con sus mismas creencias, entre las cuales estaba la idea de que Japón necesitaba expandirse para sobrevivir. Y, para muchos, el objetivo de esa expansión era China.

Hara también intentó controlar los gastos militares. Tras crecer exponencialmente desde inicios del siglo XX, el déficit empezó a acumularse a partir de 1920. Toda voz que llamara a limitar el gasto militar se interpretaba como señal de cobardía o falta de patriotismo. En la derecha, el ejército y los grandes negocios, así como en el campo conservador, muchos estaban preocupados por el auge del marxismo en Japón, que empezó a expandirse tras la revolución bolchevique de 1917 en Rusia.

En 1921, Hara fue asesinado. El responsable fue un fanático de extrema derecha que lo apuñaló hasta la muerte cuando el primer ministro esperaba al tren. Ese fue el principio de una serie de eventos que continuaron en las décadas de 1920 y 1930, cuando una cadena de asesinatos e intentos de golpes de estado tuvieron lugar en Japón. Algunos de los asesinados eran líderes locales o miembros de partidos izquierdistas. Otros, como Hara, eran hombres de suma importancia en el país. A menudo, los responsables fueron militares que desobedecían órdenes y que, al mismo tiempo, formaban parte de sociedades secretas.

En 1932, un grupo de cadetes del ejército y la marina asesinó al primer ministro Inukai Tsuyoshi. Recibieron una sentencia de quince años de cárcel, pero buena parte del país los consideraban héroes. Por entonces, Japón estaba cada vez más influenciado por el ejército y sus aliados.

Como veremos en el próximo capítulo, un grupo de oficiales japoneses en China decidieron organizar un "incidente" que les permitiría atacar la provincia china semiautónoma de Manchuria. Tsuyoshi y sus aliados de la Dieta Imperial se oponían a dicha anexión, que se llevó a cabo al margen de las órdenes del alto mando militar, pero que después recibió la aprobación de este.

En 1936, cuando el conflicto en China se había expandido ante las protestas de muchos políticos liberales, varios grupos de oficiales y cadetes japoneses desobedecieron sus órdenes y asesinaron a varios oficiales activos y retirados, provocando que otros muchos huyeran.

Esos hombres fueron arrestados y ejecutados por ir demasiado lejos, pero ahora muchos ciudadanos temían a los militares y optaron por callarse sus opiniones, dejando que el ejército llevara al país a la guerra contra China y buena parte del mundo.

Analizaremos estos eventos en detalle durante los próximos capítulos, pero queda un punto importante. Aunque las operaciones japonesas en China buscaban incrementar el prestigio y el poder del imperio en todo el mundo, había otro factor a tener en cuenta: los recursos.

Manchuria era una región rica en recursos, al contrario que Japón. Contaba con enormes cantidades de carbón, extensos campos de petróleo y grandes reservas de hierro, níquel y otros minerales importantes. Sin embargo, sus tierras no eran propicias para el cultivo alimenticio, lo cual era necesario para Japón dada su creciente población. Esa fue una razón para, en 1940, invadir China y otras regiones asiáticas como Indochina (hoy dividida entre Vietnam, Laos y Camboya). El problema era que, cuanto más se expandía Japón, más recursos necesitaba para proteger el territorio adquirido, y el único recurso que no pudo incautar en grandes cantidades fue el petróleo. Para dicho recurso, Japón dependía de las Indias Orientales Holandesas (Indonesia en la actualidad) y, en grado aún mayor, de Estados Unidos, por entonces el principal productor y exportador de petróleo en todo el planeta.

Hacia 1940, las acciones de Japón en China e Indochina habían provocado un conflicto político y económico con Estados Unidos, que decidió unilateralmente detener la exportación de petróleo y acero a Japón. En ese momento, Japón decidió iniciar un conflicto militar contra EE. UU.

Pero esa historia deberá contarse en otra ocasión. Por ahora, centrémonos en la invasión japonesa de Manchuria.

Capítulo 3 – Manchuria/Manchukuo

Los historiadores, políticos, diplomáticos, periodistas y demás siguen debatiendo si la invasión japonesa de Manchuria en 1931 marcó el principio de la segunda guerra sino-japonesa. Para China, la respuesta es un claro "sí": Manchuria fue tradicionalmente parte de China, Japón la invadió y después continuó con su senda de acoso político, guerra económica y hostilidad abierta hasta que invadió definitivamente China.

En Japón, sin embargo, las opiniones varían según a quién preguntemos. Algunos creen que las hostilidades en Manchuria fueron producto de varios grupos militares que actuaron por su cuenta para proteger los intereses comerciales de Japón en la zona. Hay algo de verdad en esa afirmación. Se suele argumentar que varios elementos "pacíficos" en Japón intentaron aplacar la agresividad de los militares que acabaron apoyando la invasión de Manchuria. Otros, sobre todo entre la derecha moderna japonesa, consideran que la invasión de Manchuria fue exactamente tal como sus perpetradores la describieron: una misión para proteger los intereses comerciales y recursos de Japón ante los señores de la guerra de China. En la izquierda, algunos creen que la invasión de Manchuria fue un simple golpe de poder y el principio de un metódico plan para invadir China y asegurar que Japón se hiciera con sus recursos y expandiera su imperio.

En la actualidad, la mayoría de las naciones del mundo consideran que la invasión japonesa de Manchuria fue una usurpación del poder por parte de oficiales militares de ultraderecha, y una apropiación directa de territorio asiático por parte de Japón. Aunque tuvieron que transcurrir décadas para ello, los gobiernos japoneses tras la 2ª Guerra Mundial y la mayoría de los ciudadanos del país acabaron llegando a la misma conclusión y admitiéndolo.

Bien, hemos comprendido lo que piensa la gente de los eventos de 1931, pero... ¿Qué es lo que ocurrió realmente?

En primer lugar, habría que preguntarse por qué Manchuria se consideraba una parte de China y, al mismo tiempo, un territorio independiente. Para entenderlo tenemos que investigar brevemente la dinastía Qing, la última de China, que llegó a su fin en 1912.

La dinastía Qing, a veces llamada "Dinastía Manchu", se originó en territorio de Manchuria. Eran una etnia diferente de la mayoría de los chinos, a quienes se les conocía como Han y que, en muchos aspectos, eran próximos a sus primos y vecinos, los mongoles. Al principio, los ejércitos Qing integraban a mongoles, algunos Han chinos de las áreas del norte y, por supuesto, manchurianos. Es una historia larga y complicada que incluye traiciones, revueltas campesinas, ejércitos y guerras constantes que pudieron matar a más de veinte millones de personas. Pero en 1644, los Qing impusieron su dinastía en el norte de China, y hacia 1683 ya habían conquistado todo el país.

Los Qing quisieron conservar Manchuria por su riqueza en recursos, así que durante muchas décadas intentaron evitar que los demás se establecieran en ella. Tanto los Han como las demás etnias solo pudieron asentarse en Manchuria bajo ciertas reglas, pero con el paso del tiempo, la difícil situación en China (inundaciones, hambruna, terremotos, epidemias y demás) obligó a muchos Han y miembros de otros grupos étnicos chinos a asentarse en Manchuria. Los terratenientes mongoles y manchurianos recibieron a esos colonos con los brazos abiertos, ya que Manchuria no solo tenía una población reducida, sino que cada vez era más difícil vivir en la región, conocida por su clima extremo.

Hacia principios del siglo XX, muchos chinos no manchurianos se habían instalado en el territorio, pero, además, las potencias extranjeras también habían intervenido económica y migratoriamente. Una de las ciudades más cosmopolitas de Asia por entonces era Harbin, donde no solo había una considerable población china y manchuriana, sino también grandes números de coreanos y rusos. A ellos se unieron los refugiados judíos de la época zarista y, a partir de 1917, rusos que huían de la revolución bolchevique y trabajadores contratados para construir el Ferrocarril Oriental Chino. Muchos europeos también se asentaron en Harbin en busca de fortuna con el carbón y el acero. Ya a mediados de los 60, antes de los desacuerdos entre la Unión Soviética y la China comunista, muchos rusos seguían viviendo en Harbin, que es hoy una de las ciudades más pobladas de China y sigue acogiendo a muchos empresarios de origen ruso.

El crecimiento económico, político e imperialista de Europa y Japón no se limitó a las ciudades costeras de China como Shanghái, Tianjin, Fuzhou, Hong Kong y la capital Beijing. Tras la primera guerra sino-japonesa de 1896, los Qing otorgaron grandes concesiones en Manchuria a Japón. De inmediato, los japoneses empezaron a construir ferrocarriles en el enorme territorio (afirmando que lo hacían para mejorar las condiciones de vida de la zona, lo que hasta cierto punto era cierto), así como fábricas e instalaciones portuarias.

Cuando la revolución nacionalista de Sun Yat-sen acabó con la dinastía Qing en 1912, las inversiones de Japón en Manchuria alcanzaban los miles de millones de dólares en dólares estadounidenses contemporáneos.

Los nacionalistas tenían muchos objetivos. El más importante era unir al país bajo un solo régimen. Como hemos visto antes, el auge de los comunistas y la presencia de numerosos señores de la guerra que controlaban amplias zonas del país complicó dicho objetivo. Por si fuera poco, gran parte de los recursos y las ciudades más importantes de China estaban, en cierto modo, controladas por extranjeros.

Poner fin a la influencia extranjera era algo que uniría teóricamente a los chinos de la época, al menos desde la primera guerra del Opio a principios del siglo XIX. Incluso los señores de la guerra, muchos de los cuales se enriquecían aceptando sobornos por parte de naciones y comercios extranjeros, querían que se expulsase a los foráneos. Por supuesto, cuestiones de poder y de diferencias políticas mantuvieron a los chinos enfrentados entre sí, mientras que los extranjeros seguían beneficiándose económicamente.

Esto era especialmente cierto en Manchuria, donde el *zaibatsu* japonés (término que más o menos engloba una mezcla entre la confianza estadounidense a la vieja usanza y un monopolio) ejercía un gran poder. Entre bambalinas, los magnates comerciales japoneses en Manchuria prácticamente dirigían el país, junto con los destacamentos militares enviados allí para proteger sus recursos.

Japón y otros países tenían un especial interés en Manchuria, sobre todo por su carbón, hierro y sal, así como por ciertas cosechas entre las que se incluyen las de aceite de soja, alimento fundamental en la dieta japonesa. Entre las décadas de 1920 y 30, Japón había multiplicado varias veces su presupuesto de defensa y se preparaba para construir la que quizá fue la armada más moderna del mundo por entonces. Los recursos de Manchuria se convirtieron en un objetivo esencial para los japoneses.

Sin embargo, de vez en cuando, varios factores entorpecieron los negocios y ferrocarriles japoneses en Manchuria. Los señores de la guerra de zonas remotas exigían más "impuestos" (es decir, sobornos) para permitir que los trenes recorrieran sus territorios. En ocasiones también se produjeron huelgas de trabajadores, las cuales fueron brutalmente sofocadas tanto por tropas japonesas como por los señores de la guerra locales.

Hacia finales de la década de 1920, no había dudas respecto a quién controlaba Manchuria. En 1928, Zhang Zuolin, un señor de la guerra local, fue asesinado por tropas del Kwantung, un grupo del ejército imperial japonés que tenía el cometido de proteger los intereses de Japón en la zona. Zuolin fue asesinado por intentar aislar y negar a Japón las concesiones de recursos necesarios en Manchuria. Su hijo, Zhang Xueliang, lideró más tarde a un ejército privado de 200.000 hombres con los que, durante un tiempo, apoyó a Chiang Kai-shek, quien era, como hemos mencionado antes, un aliado cercano de Sun Yat-sen cuando Japón invadió a China.

Japón no era el único país con grandes intereses en Manchuria. La Unión Soviética codiciaba la madera del territorio este, además de otros recursos, y pronto experimentaron las mismas dificultades que Japón. En 1928, Zhang Xueliang y la Unión Soviética llegaron a ir a la guerra por el control del Ferrocarril Oriental, donde se transportaban recursos de China y Manchuria a la Unión Soviética. Este conflicto a gran escala alarmó a los japoneses, quienes querían evitar a toda costa que se interrumpieran sus líneas de suministros, pero también mostró las debilidades de los chinos y los señores de la guerra de la zona. Además, la consumación del control soviético en la parte occidental del territorio también inquietó a Japón, pues no solo sus intereses económicos se veían amenazados, sino que también acercaba el comunismo al país.

Dentro del ejército japonés Kwantug, así como en el propio ejército imperial, había muchos conflictos políticos y divisiones. Es justo decir que hacia 1931, los cuerpos de oficiales y, seguramente también los hombres de rango inferior, habían llegado a la conclusión de que Manchuria debía ser absorbida por el imperio japonés. Algunos de los miembros del grupo creían que Manchuria debía pertenecer a la esfera de influencia de Japón, pero nunca consideraron actuar al margen de sus órdenes. Otros, en cambio, estaban dispuestos a dar ese paso, pues consideraban que muchos políticos de Tokio eran "demócratas cobardes" sin una sola gota de sangre japonesa en sus venas, es decir, que les faltaba el "espíritu samurái". Para estos hombres jóvenes, no solo los políticos eran cobardes: a muchos generales también les faltaba valentía para actuar por su cuenta.

En otoño e invierno de 1930, y hasta la primavera de 1931, los oficiales jóvenes del Kwantung empezaron a crear crispación para apoderarse del territorio en su totalidad. Además de su conducta insubordinada, crearon una trama secreta para obligar a China, los señores de la guerra y el público general a pasar a la acción en contra de los intereses de Japón.

En Tokio, los representantes gubernamentales y políticos que creían que no era momento para ir a la guerra consideraron ir a Manchuria para castigar a los militares desobedientes y deshacerse de ellos. Sin embargo, los conspiradores se enteraron de esto y decidieron poner en marcha los planes que llevaban preparando desde el invierno.

Así pues, a finales de la primavera de 1931, una comitiva de oficiales del ejército Kwantung, liderada por los coroneles Seishirō Itagaki y Kenji Doihara, el teniente coronel Kanji Ishiwara y el comandante Takayoshi Tanaka (en este caso, el apellido familiar del comandante era el segundo, al igual que en las culturas occidentales) perfeccionaron su plan. Solo tenían que esperar al momento ideal para actuar.

Ese momento llegó el 18 de septiembre de 1931. Un joven teniente cuya unidad protegía una sección del Ferrocarril del Sur de Manchuria colocó una pequeña carga explosiva junto a las vías. La carga era principalmente "pólvora de algodón", un explosivo débil e inestable que a veces se utiliza en pequeñas operaciones mineras. Cuando la carga detonó alrededor de las 10:20 de la noche, la vía apenas quedó dañada y un tren pasó por encima poco después. Aun así, los conspiradores reunieron a sus hombres y prepararon un ataque contra el cuartel chino más cercano en respuesta a la "hostilidad abierta" de China. Más tarde, varios fotógrafos y supuestos expertos japoneses acudieron al lugar del atentado para tomar fotos del "sabotaje chino". Como puede verse en la foto de la página siguiente, los daños fueron mínimos en cualquier caso. Huelga decir que los expertos exageraron la proporción de dichos daños, ya que se trataba de un acto perpetrado por "terroristas chinos" con el propósito de perturbar las operaciones comerciales y los intereses militares de Japón.

Ilustración 3: El daño, apenas visible, aparece marcado por un círculo

La mañana del 19 de septiembre, una unidad japonesa abrió fuego contra una guarnición china cerca de Mudken. Los pocos aviones del señor de la guerra Zhang Xueliang fueron derribados, y 500 solados japoneses, muchos de los cuales habían acumulado hostilidad contra los chinos durante años, se unieron al ataque contra la guarnición.

La base militar china contaba con unos 7.000 hombres, con lo que superaban a las fuerzas japonesas en una proporción de catorce a uno. Sin embargo, las tropas japonesas eran disciplinadas y estaban bien entrenadas y armadas, mientras que las tropas chinas a las que se enfrentaban eran justo lo contrario. La mayoría de los soldados de los señores de la guerra, salvo unidades especiales y guardias personales (quienes cobraban mucho más y recibían más privilegios) eran campesinos poco entrenados que se habían alistado para poder sobrevivir y quizá conseguir algo de dinero adicional para alimentar a sus familias. Era habitual que los hombres cambiaran de bando y se unieran a otro señor de la guerra si les pagaban más. La lealtad era virtualmente inexistente, había poca disciplina bélica y motivación, y algunos ni siquiera tenían armas de fuego. La lucha acabó llegada la tarde del 19 de septiembre. Solo murieron dos solados japoneses, mientras que 500 chinos perdieron la vida.

En la base principal del ejército japonés Kwantung, el comandante general Shigeru Honjō se quedó estupefacto al saber que sus propios oficiales habían desobedecido sus órdenes. Conocía el plan, pero había ordenado a sus hombres que esperaran hasta recibir nuevo aviso. Una mezcla de precipitación y la creencia de que estaban siguiendo las órdenes que su comandante no se había atrevido a formular, los oficiales mencionados anteriormente habían actuado por su cuenta. Es posible que también argumentaran a su comandante que, si su plan hubiera fallado, el general habría podido negar que tuviera conocimiento de la operación y castigar a quienes no hubieran seguido sus órdenes.

El teniente coronel Ishiwara esperaba que, como mínimo, lo expulsaran del ejército por desobedecer órdenes, pero contaba con que las acciones de su grupo impulsaran el resto de los acontecimientos fuera de su control. Argumentó al general Honjō que era el momento adecuado para invadir Manchuria, o al menos apoderarse de la ciudad de Mukden (lo que prácticamente ya estaba hecho). Tras una discusión, Honjō se mostró de acuerdo y se puso en contacto con el comandante de las fuerzas japonesas en Corea, otro general ultra-militarista, para pedirle refuerzos, cosa que consiguió.

Tras el asalto inicial sobre el cuartel chino de Zhang Xueliang, los japoneses se dispusieron a tomar el control del resto de las ciudades de Manchuria, empezando por Changchun y Antung y extendiéndose después a todo el país, incluyendo la rica provincia de Heilongjiang, donde se sitúa la ciudad de Harbin.

Zhang Xueliang ordenó a sus hombres que escondieran sus armas y cesaran momentáneamente la lucha. Empezó entonces a tratar de comunicarse y coordinarse con Chiang Kai-shek, un enemigo de su padre. Las unidades de oficiales chinas en Harbin y otras zonas importantes recibieron órdenes de detener el fuego, pero, cinco meses después, todo el territorio había caído en manos japonesas.

Los japoneses tomaron varios pasos para intentar legitimar su toma de Manchuria ante el mundo. En primer lugar, declararon que Puyi, el anterior emperador Qing de tan solo 23 años, era ahora soberano del nuevo estado de Manchukuo. Lo hicieron con la vana esperanza de que los realistas chinos, sobre todo los señores de la guerra, lo apoyaran. Emitieron una nueva moneda, instauraron una bandera y un pequeño parlamento y establecieron la capital en Hsinking (entonces conocida como Changchun).

Todas estas medidas solo engañaron a quienes querían ser engañados, como Puyi, aunque él mismo empezó a distanciarse cuando se dio cuenta de que ahora tenía que obedecer las órdenes de los generales japoneses al mando.

La toma japonesa de Manchuria fue la mayor crisis internacional a la que se enfrentó la Liga de las Naciones, el organismo internacional que se estableció tras la 1ª Guerra Mundial para preservar la paz en el mundo. En el que fue su mayor reto desde su fundación, la Liga fracasó miserablemente. En respuesta a la invasión japonesa, la Liga formó la Comisión Lytton, presidida por el Lord británico Victor Bulwer-Lytton. Un tiempo después, los cinco miembros de la comisión acordaron que Japón había violado los mandatos básicos de la Liga de las Naciones y que había agredido a China, nación reconocida de facto como soberana de Manchuria. El informe Lytton informó que la invasión de Japón y el estado de Manchukuo no debían ser reconocidos por ningún país y que Japón debía retirar sus tropas de la zona. Además, China debería recuperar el control oficial de Manchuria.

Esto, por supuesto, no agradó en absoluto a los japoneses. En dramática respuesta, el representante de Japón en la Liga de las Naciones leyó un breve discurso en el que se anunciaba la salida de Japón de la Liga y abandonó la sala. Esto ocurrió casi dos años después de que Japón se apoderara del territorio.

Esto dejó a los integrantes de la Liga de las Naciones sin opciones. El principal cometido de la Liga era evitar los conflictos bélicos, pero ahora se veían obligados a tomar posición en uno. La realidad es que no pudieron decidirse y acabaron por no hacer nada.

Quienes hasta entonces se habían mantenido al margen tomaron nota de lo ocurrido. Fue el caso de Benito Mussolini, el dictador fascista italiano, y de Adolf Hitler, quien estaba en la cúspide del poder en 1932 y sería más tarde dictador de Alemania. Italia invadió Etiopía en 1936 mientras Hitler remilitarizaba Renania. Ambas suponían una violación de la política de la Liga y fueron consecuencia directa de la inacción de la organización ante lo sucedido en Manchukuo.

Estados Unidos, cuyas acciones en respuesta a la agresión de Japón a China y el resto del mundo resultarían después en un conflicto directo con la nación isleña, anunciaron la Doctrina Stimson (llamada así por el secretario del Estado de EE. UU., Henry L. Stimson), la cual se comprometía a no reconocer futuras agresiones de Japón, ya fueran contra China o cualquier otra nación.

En retrospectiva, se puede afirmar que la invasión de Manchuria condenó a Japón. Al término de la 2ª Guerra Mundial, que en cierto sentido ya había empezado en 1931, las ciudades importantes de Japón quedaron prácticamente aplastadas. Millones de ciudadanos murieron a consecuencia de los bombardeos estadounidenses. El país se vio obligado a transportar suministros de las regiones que aún mantenía en veleros de madera: los submarinos de EE. UU. controlaban sus aguas y hundían a todo lo que se movía.

Todo empezó con el éxito de la operación japonesa en Manchuria que, junto con la invasión de China pocos años después, reivindicó el poder de la ideología fascista y el ejército japonés. El poco poder civil que había en Japón decayó tras la invasión de Manchuria. A partir de ahí, el único debate en Japón se produjo entre el ejército imperial y la marina, quienes discutieron cuál era la mejor forma de apoderarse de Asia.

Capítulo 4 – La China Propia

"No te mezcles en una guerra de conquista en Asia". Puede que esta frase sea conocida sobre todo por la película de culto *La Princesa Prometida* (1987), pero ya se decía antes, aunque nadie sabe exactamente quién la acuñó. Puede que fuera Douglas MacArthur, o Dwight Eisenhower, o el general Bernard Montgomery, o ninguno de ellos. En cualquier caso, tiene sentido, y los japoneses deberían haberlo tenido en cuenta, aunque su invasión de China se produjera 51 años antes de que se estrenara la película. Fue en 1936 cuando los dirigentes de Japón decidieron que era momento de enfrentarse a toda China.

¿Qué los llevó a esa decisión? Hubo varias razones. Para un grupo de hombres que seguían una filosofía ampliamente basada en la conducta marcial y la guerra, era una decisión natural. China era, además, una nación enorme, rica y dividida. Teniendo en cuenta cómo reaccionó parte del mundo a la invasión de Manchuria entre 1931 y 1933, parecía evidente que Estados Unidos y las potencias europeas (ahora en plena depresión económica y preocupados por posibles rebeliones internas) harían lo mismo que habían hecho en 1931: nada.

Desde el punto de vista de los militares japoneses, la invasión de China tenía perfecto sentido.

En la década de 1930, Japón estaba al borde de lo que solo puede describirse como fascismo. Algunos incluso han descrito la actitud japonesa de la época como una variante asiática del nacionalsocialismo o el nazismo. Y es que las creencias militaristas de la clase gobernante incluían la idea de que la raza japonesa era superior a las demás.

¿Acaso la historia no les daba la razón? Nadie había logrado conquistar las islas. De hecho, para los japoneses era evidente que los dioses habían protegido su patria con *kamikaze* o "vientos divinos" cuando los mongoles intentaron invadirlos en el siglo XIII. Todo lo ocurrido en Japón entre la temprana edad media hasta la segunda guerra sino-japonesa dejaba claro que Japón era un lugar especial; un poder militar superior. Los samuráis, una clase guerrera conocida en todo el mundo por su destreza en combate, había dominado el país desde precisamente la época de la invasión mongola. Y aunque se suponía que los civiles estaban al cargo de Japón tras la restauración Meiji, muchos tenían orígenes samuráis. A partir de 1920, el ejército no hizo más que crecer en números.

En Japón, los militares y sus aliados en la industria pesada (quienes se beneficiarían de la enorme expansión militar) mantuvieron el control. Virtualmente todos los órganos del gobierno estaban controlados o influenciados por el ejército. A los niños japoneses se les inculcó el pensamiento marcial, es decir, la infalibilidad del emperador y de quienes gobernaban en su nombre (el ejército), así como la superioridad japonesa en prácticamente todo. Además, se les adoctrinó con el *Bushidō*, "el camino del guerrero", una especie de código de conducta formulado tras siglos de dominio samurái. La doctrina se utilizaba ahora como método perverso para convencer a los japoneses de que había que servir al emperador hasta la muerte, que el individuo era insignificante y que morir en combate representaba el honor y el sacrificio definitivo.

El *Bushidō* brutal y simplificado que se enseñó en escuelas durante los años 30 a duras penas reflejaba los ideales de los samuráis, quienes exigían la supresión absoluta de lo individual en combate, pero también cultivaban la responsabilidad personal, el crecimiento cultural del individuo y la responsabilidad individual ante la justicia.

Cualquiera que hubiese podido echar un vistazo a Japón a principios de los años 30 (como fue el caso de muchos diplomáticos, soldados, marineros y estudiantes) habría dicho que Japón se estaba preparando para una guerra. Una importante.

En Estados Unidos existió, por un tiempo, una cierta afinidad con China. Aunque EE. UU. había participado en algunas de las políticas más imperialistas de occidente en China, ambos países se consideraban por lo general buenos aliados. En muchos aspectos, los estadounidenses veían al desamparado pueblo de China como algo parecido a lo que hubo en los años previos a la revolución americana: una tierra controlada por otros, donde la población no podía controlar sus propias vidas. Esa simpatía por China creció gracias a los misioneros estadounidenses y las historias de pobreza e injusticia que, tal como contaron a sus compatriotas, sufrían los campesinos chinos. Sin embargo, puede que la publicación del clásico de Pearl S. Buck *La Buena Tierra,* que trata sobre las dificultades de los campesinos chinos por sobrevivir. La novela tuvo un éxito inmenso en Estados Unidos y acrecentó la simpatía popular de los estadounidenses por China y su gente.

Capítulo 5 – Otro "Incidente"

El 7 de julio de 1937, los japoneses atacaron a China en el Puente de Marco Polo, cerca de Beijing. En realidad, esta acción, considerada generalmente como el comienzo de la segunda guerra sino-japonesa (y, según algunos historiadores, el principio de la Segunda Guerra Mundial) fue solo el peor de una serie de incidentes entre las fuerzas armadas japonesas y chinas. Hasta este punto, los chinos habían tenido la sabiduría de no provocar más enfrentamientos con Japón, pues no estaban preparados para luchar contra su poderoso ejército imperial. Esto se debía a varias razones que ya hemos expuesto, como el pobre entrenamiento de sus tropas, la corrupción de sus oficiales y la falta de equipamiento. Chiang Kai-shek, esta vez en una posición inexpugnable dentro del Komintang, intentaba hacer que las cosas mejoraran: en un extraño giro del destino, China había contratado a un gran número de oficiales extranjeros para entrenar a sus ejércitos, así como comprado armas a Europa. La amplia mayoría de esos oficiales y del armamento procedían de Alemania, incluyendo la Alemania Nazi tras 1933. Pronto, las armas alemanas estaban utilizándose para matar tropas japonesas.

El problema para Chiang era que su decisión de no enfrentarse a Japón en una guerra abierta era astuta desde un punto de vista militar, pero no desde uno político. El sentimiento antijaponés era fuerte en

China, sobre todo en las zonas rurales. Incluso dentro de su propio partido, el Kuomintang (también conocido como el Partido Nacionalista Chino), Chiang era objeto de críticas por "capitular" ante las exigencias japonesas, cada vez más fuertes e insultantes.

La relativa inacción de Chiang también frustraba a los militares japoneses, que en ese momento se habían convertido esencialmente en un sinónimo del gobierno y buscaban excusas para enfrentarse a China y quedarse con sus recursos. El 7 de julio de 1937 fueron por fin capaces de empujar a Chiang y a China a un punto de no retorno.

En la mayoría de las ciudades orientales de China, las potencias extranjeras no solo tenían concesiones: también tropas para proteger sus ciudadanos e intereses. Dichas tropas variaban en número, pero a lo largo de finales de los 20 y principios de 1930, empezaron a decrecer en tamaño debido a varios factores: el coste (la Gran Depresión llevó a que los gobiernos aplicaran grandes recortes a sus gastos), la creciente simpatía hacia China y la lenta pero también creciente opinión occidental de que el imperialismo que se practicaba en China era cosa del pasado o al menos debería serlo. Aun así, esas tropas bastaban para proteger los intereses propios y, en ciudades portuarias (tanto en ríos como en el mar), muchos países occidentales, especialmente EE. UU. y el Reino Unido, contaban con considerables fuerzas navales.

La única excepción era Japón. Los ejércitos que mantuvieron en China siguieron creciendo en número. La mayoría de los chinos opinaba que era cuestión de tiempo hasta que hubiera otro "incidente" con Japón.

Ilustración 8: El Puente de Marco Polo sobre el río Yongding. Debe su nombre a una mención en los cuadernos de Marco Polo y su construcción se remonta al siglo XII, aunque ha sido restaurado varias veces a lo largo de la historia.

Tras la rebelión Bóxer que se produjo entre 1900 y 1901, parte del acuerdo que China alcanzó con los países extranjeros consistía en que podrían estacionar tropas a lo largo del ferrocarril entre Beijing (que había sido la capital de China durante siglos, hasta que Chiang Kai-shek la trasladó por razones políticas y estratégicas a Nanjing en 1927) y Tianjin, ciudad portuaria que estaba a tan solo 110 kilómetros y era el principal proveedor de suministros para Beijing. Buena parte de dichas provisiones eran de origen extranjero, pero una importante cantidad de comida llegaba a la ciudad desde Tianjin, lo que hacía que las exigencias extranjeras fueran aún más insultantes, ya que sus tropas vigilaban el ferrocarril con el que se aprovisionaba a la ciudad más importante de China, o al menos la más simbólica.

En verano de 1937, las fuerzas japonesas en China superaban a las del propio país por más de 20.000 hombres. La mayoría de los soldados estaban estacionados en bases junto a líneas de ferrocarril, sobre todo en la zona de Beijing-Tianjin. Estos números ya superaban con creces el límite impuesto por el acuerdo de 1901, pero lo que los chinos no sabían era que el número de soldados japoneses crecía en secreto casi a diario. A principios de julio, esas fuerzas ya habían rodeado esencialmente a la antigua ciudad imperial china.

La noche del 7 de julio, las fuerzas japonesas estaban presuntamente haciendo ejercicios militares junto a su base de Fengtai, en las afueras de Beijing y junto a la antigua fortaleza Wanping, a la que conducía el Puente de Marco Polo. Alrededor de las 11 de la noche, las tropas chinas y japonesas empezaron a dispararse entre sí. Hasta hoy, nadie sabe exactamente qué ocurrió esa noche. Cuando las cosas se calmaron, más o menos una hora después, se descubrió que un soldado japonés no había regresado a su puesto.

El comandante japonés envió un mensaje a su homólogo chino para exigirle que sus tropas permitieran la búsqueda del soldado desaparecido. Parte de la demanda exigía el registro de la antigua fortaleza de Wanping. Los eventos de las horas anteriores, junto con las últimas exigencias japonesas para buscar en un lugar de importancia histórica, supusieron un insulto no solo al honor chino sino también a los convenios internacionales y al orgullo nacional chino. Así pues, el comandante chino se negó. Horas después, el japonés desaparecido, un soldado llamado Shimura Kikujiro, regresó a su unidad seguramente tras haberse perdido en la oscuridad, pero ya era demasiado tarde. Durante su ausencia, los eventos se habían salido de todo control. Se produjo un ataque japonés contra la fortaleza aproximadamente entre las 12:30 y la 1 de la madrugada.

Hacia las dos de la madrugada, el comandante local chino envió al alcalde de Wanping a negociar con los japoneses. Estos se negaron y exigieron que se les permitiera entrar en la ciudad para determinar la causa del incidente original, lo que probablemente era solo una excusa para tomar la ciudad. Los chinos rechazaron también esta exigencia.

A las 4 de la mañana, ambos bandos entraron en contacto contras unidades de la zona. Alrededor de las 4:30, las fuerzas japonesas rodearon la periferia de la ciudad, pero no antes de que llegaran refuerzos chinos. A las cinco el fuego ya había empezado. La clave para entrar en Wanping y en la propia Beijing era el Puente de Marco Polo, y fue allí donde estalló una batalla a gran escala.

Los chinos consiguieron mantener el puente, pero pagaron un alto precio por ello y era solo cuestión de tiempo que los expulsaran de su posición. Las noticias de la batalla ya habían llegado a los más altos niveles del gobierno japonés en China, así como al ejército chino. Las negociaciones entre los representantes del Servicio Exterior Japonés y el general chino de la zona resultaron en un acuerdo verbal que exigía varias cosas, todas ellas insultantes para el honor nacional chino. El acuerdo incluía formular una disculpa a Japón y castigar a las tropas chinas que, según los japoneses, habían disparado primero.

Entre los militares chinos había disparidad de opiniones. Algunas unidades de la zona estaban bajo control comunista y se negaron a aceptar cualquier clase de tregua con los japoneses. Algunas tropas nacionalistas retrocedieron y otras no. La situación era caótica y, para mayor confusión, los comandantes japoneses de la zona no creyeron que los términos fueran suficientes y siguieron disparando a algunas tropas chinas para seguir asediando Wanping. Esto continuó a lo largo del 9 de julio.

El 10 de julio, varias unidades acorazadas japonesas llegaron a la zona y se unieron al ataque a Wanping. Llegado a este punto, Chiang Kai-shek no tenía otra elección salvo anunciar que el Kuomintang resistiría ante los japoneses con todas las fuerzas que pudieran reunir. Este fue el principio de la segunda guerra sino-japonesa, que empezó en el año 1937 y acabó en 1945.

La lucha se expandió a lo largo de China en cuestión de días, especialmente en la zona de Beijing, donde los japoneses eran más fuertes al estar más cerca de su principal base de operaciones en Manchukuo. Al llegar la tercera semana de julio, Japón ya había reforzado sus posiciones en el lugar con casi 200.000 hombres. Tras una larga y complicada batalla en la que algunos ejércitos chinos escaparon de la ciudad mientras que otros se negaron a irse, la antigua capital imperial de China cayó en manos japonesas a finales de mes.

Los japoneses conquistaron dos de las ciudades más importantes de China en los primeros dos meses. Como se ha mencionado antes, la primera fue Beijing y su puerto colindante, Tianjin. La segunda estaba mucho más al sur. Hoy, esa ciudad, Shanghái, es la más poblada del mundo con casi 24 millones de habitantes. En 1937 se calculaba que vivían allí unos cinco millones de personas, lo que ya la convertía en la ciudad más poblada del planeta y una de las más ricas y cosmopolitas de China. También era la ciudad más internacional del país en muchos sentidos, con tropas y delegaciones de varias naciones europeas. Por supuesto, los japoneses contaban con un gran número de tropas en la zona, de modo que podían aprovisionarlas y reforzarlas rápidamente, sobre todo teniendo en cuenta que Shanghái era un puerto marítimo.

En 1932 se había producido otro "incidente" entre japoneses y chinos en Shanghái. Hoy se le conoce como el incidente del 28 de entero y fue, al igual que otros eventos de la época, mucho más de lo que la propia palabra describe. Empezó cuando un grupo de monjes budistas ultranacionalistas japoneses fueron atacados por una pandilla china anti-extranjera, lo que derivó en un mes y medio de pequeñas batallas. Aunque el incidente quedó "afortunadamente" aislado, los chinos tuvieron que hacer una vez más concesiones a los japoneses, pero se evitó un conflicto a gran escala.

El incidente del 28 enero fue también famoso, o infame, por otro detalle que casi ha quedado ignorado en los libros de historia, al menos en Japón y en Occidente. Durante la batalla, Japón lanzó el que quizá fue el primer ataque aéreo impulsado desde portaaviones de la historia. Ese mismo ataque puede atribuirse otro dudoso título: fue tal vez el primer bombardeo masivo desde la 1ª Guerra Mundial. Dicho de otro modo, Japón dio comienzo a la era moderna de los bombardeos sobre áreas civiles con el único propósito de aterrorizar y someter a la población.

Cinco años después, con Japón abriéndose a una ofensiva mucho más amplia y China perdiendo su paciencia ante las exigencias japonesas, estalló un conflicto a gran escala en Shanghái. Algunos han denominado esta batalla "el Stalingrado olvidado" del lejano oriente debido a la cruda y desesperada escaramuza que tuvo lugar allí en 1937. La batalla de Shanghái, a veces ignorada por occidente, duró dos meses y medio y se llevó 300.000 vidas, casi tantas como las que Estados Unidos perdió en toda la 2ª Guerra Mundial.

Los japoneses lideraron la iniciativa durante la mayor parte de la guerra, pero, en este caso, fue Chiang Kai-shek quien decidió que debía haber una batalla en Shanghái. Esto se debió a varias razones, como el hecho de que podrían evitar que los japoneses recibieran suministros a través de su armada. Shanghái también estaba lejos del centro de operaciones de Japón en Manchuria/Manchukuo, donde se concentraba el grueso de sus tropas. Por último, Shanghái era el hogar de muchos extranjeros y el objetivo de muchas concesiones extranjeras en China, y Chiang creía que un asalto japonés allí podría afectar a las potencias occidentales y sus intereses, lo que con suerte las implicaría más en el conflicto. Hacia 1937, la mayor parte de Occidente se mostraba decididamente antijaponés.

Cuando se produjo la batalla, los japoneses estaban concentrados sobre todo en consolidar su poder en el norte de China para después planear sus siguientes movimientos. Tenían también un ojo puesto en la Unión Soviética, ya que esta apoyaba a los comunistas chinos con armas y consejeros para luchar contra los nacionalistas y los japoneses. En 1939, los soviéticos y los japoneses libraron una batalla campal en Khalkhin Gol, Mongolia. Fue una derrota aplastante para Japón, que a partir de entonces se mostró muy reacia a enfrentarse a los soviéticos. Estos, por su parte, estaban más preocupados por la amenaza creciente de Adolf Hitler y no tenían ningún interés en ir a la guerra contra Japón, pero esta ya es una historia para otra ocasión.

La batalla de Shanghái de 1937 llegó a concentrar quizá a un millón de tropas: 700.000 chinas y 300.000 japonesas. Antes de leer acerca de esta batalla y el resto de la guerra, se deben tener en cuenta un par de cosas. La primera ya se ha mencionado en muchas ocasiones, y es que las tropas chinas, salvo algunas excepciones, estaban pobremente entrenadas (sobre todo al principio del conflicto) y peor armadas. La motivación también estaba a nivel bajo, especialmente en los ejércitos nacionalistas, donde muchos hombres habían sido alistados a la fuerza. Esta era una diferencia notable respecto a las fuerzas comunistas, donde la gran mayoría eran voluntarios. Aun así, estos reclutas forzosos lucharon admirablemente en ocasiones, y a menudo recibieron el apoyo de unidades de élite o voluntarios con más experiencia y mejor equipamiento.

Pese a tener la mitad de efectivos, los japoneses contaban con varias ventajas decisivas. En primer lugar, su infantería y sus marines contaban con mejor entrenamiento, equipo y liderazgo. Japón también tenía una gran ventaja aérea (500 aviones modernos frente a los 200 aeroplanos obsoletos de los chinos) y naval. Fue la Armada Imperial Japonesa la que impulsó la batalla de Shanghái.

A lo largo de la guerra hubo una mala relación entre la Armada Imperial y el Ejército Imperial de Japón. Hubo varios puntos de contención, pero el más importante fue quizá el hecho de que el ejército consideraba que establecer un ejército de a pie en Asia era un objetivo primordial. Y así sucedió, por supuesto: el ejército era una fuerza principalmente de infantería. Por desgracia, en el ejército muchos veían a la armada como un servicio de transporte y abastecimiento más que como una fuerza de combate.

La Armada Imperial Japonesa podía atribuirse el crédito de las principales batallas con las que Japón buscaba convertirse en potencia mundial. Había derrotado a China en el mar en 1896, y sin dicha victoria, el ejército quizá nunca hubiera podido luchar en tierra. Y aunque el Ejército Imperial Japonés a derrotó a Rusia en la guerra ruso-japonesa, que se libró entre 1904 y 1905, dichas batallas no fueron tan decisivas, gloriosas o impactantes a ojos del mundo como las dos victorias de la Armada Japonesa frente a la rusa.

La Armada Paponesa también era el destino de buena parte de los gastos militares de Japón, y entre las décadas de 1930 y principios de 1940, la Armada Imperial Japonesa se contaba entre las más modernas del mundo, cuando no la más moderna. Tanto Japón como el resto del mundo consideraba que contar con una gran fuerza naval no solo era una forma de proyectar poder, sino también de apoderarse de recursos lejanos, protegerlos y conseguir prestigio nacional.

Para la Armada Imperial Japonesa, Shanghái era un importante interés japonés y también un puerto desde el que podrían controlar el flujo de bienes, suministros y refuerzos hacia el interior de China, a la par que impedir que los chinos hicieran lo mismo. Así pues, en la iracunda atmósfera de China en agosto de 1937, un oficial japonés intentó abrirse paso en un puesto de control chino en un aeropuerto local al que los japoneses no podían acceder. El oficial llegó a abrir fuego contra los chinos, quienes devolvieron los disparos y acabaron matándolo.

Las delegaciones internacionales intentaron mediar entre ambos bandos, pero ninguno estaba interesado. Los japoneses amenazaron con pasar a acciones mayores al tiempo que traían más refuerzos. Por su parte, los chinos hicieron lo mismo y trajeron a sus mejores unidades: oficiales entrenados por los alemanes y decentemente equipados, así como hombres de varias divisiones. Algunos oficiales alemanes, quienes tenían expresamente prohibido participar en cualquier batalla, asistieron y aconsejaron a las tropas chinas en la ciudad.

Pese a haber traído refuerzos adicionales a Shanghái, los japoneses estaban en clara desventaja numérica al principio y tuvieron que mantenerse en las zonas concesionales de la ciudad, donde los marines japoneses lucharon desesperadamente para mantener su posición en la ciudad. La lucha fue un indicador de cómo sería el resto de la guerra: sin cuartel y sin piedad.

Tal como ocurriría en Stalingrado pocos años después, el combate urbano, para el que ninguno de los dos bandos estaba preparado, se hizo protagonista. Los números de los chinos fueron rechazados por la destreza japonesa para construir fortalezas en edificios, calles y zonas amuralladas de la ciudad. Los chinos, sabiendo que los japoneses seguramente reforzarían sus puestos y atacarían si no se conseguía expulsarlos de la ciudad, llevaron a cabo desafortunados ataques frontales que acabaron pagando caro. No solo sufrieron numerosas bajas, sino que muchos de los caídos eran parte de esas tropas entrenadas por los alemanes, que constituían el principal orgullo del ejército de Chiang. Habían pasado años preparándose y equipándose para después morir en cuestión de días y semanas.

Tal como esperaban los chinos, Japón contraatacó de inmediato con apoyo de tanques y fuerzas aéreas. Se calcula que los japoneses contaban con unos 300 tanques en la ciudad, mientras que los chinos apenas alcanzaban los 50 carros blindados. Al término de noviembre de 1937, los chinos se retiraron y dejaron la ciudad en manos de los japoneses. Es difícil estimar el número exacto de bajas de la batalla de Shanghái, pero se cree que el ejército chino sufrió entre 100.000 y 150.000 muertos y heridos. En el Osprey Publishing, una publicación especializada en historia militar, los historiadores calcularon que los japoneses perdieron cerca 19.000 hombres, además de sufrir unos 40.000 heridos.

Hoy se trabaja en Shanghái por restaurar el Almacén Sihang, uno de los lugares más importantes de la batalla, hoy conocido como "el almacén de los 800 hombres". Allí, 400 soldados a las órdenes del teniente coronel Xie Jinyuan resistieron repetidamente ante ataques en los que los japoneses los superaban en número. La discrepancia en el nombre y el número verdadero de soldados fue intencional: Xie reveló que contaba con 800 hombres en el almacén para repeler a los japoneses. Su comandante murió en combate, pero muchos de los soldados sobrevivieron al cautiverio japonés y a la guerra. Algunos marcharon a Taiwán en 1949 cuando China cayó en manos comunistas, mientras que otros se quedaron solo para ser perseguidos durante la Revolución Cultural. En la actualidad, a esos hombres se los considera héroes.

En la recta final de noviembre de 1937, los japoneses controlaban una amplia zona del norte de China y uno de sus puertos más importantes. El siguiente movimiento sería conquistar Nanjing, que por entonces era la capital de Chiang y se conocía como Nanking.

Capítulo 6 – Los Contrincantes

Antes de hablar de los terribles eventos sucedidos en Nanjing, echemos un vistazo a las fuerzas chinas y japonesas que se enfrentaron en la guerra. Buena parte de la información de este capítulo procede de dos fuentes: *The Oxford Companion to WWII* y *The Oxford Companion to Military History*.

En 1937, las fuerzas nacionalistas chinas, bajo el mando directo de Chiang Kai-shek, sumaban cerca de 300.000 hombres. De ellos, 80.000 se consideraban tropas de élite bien entrenadas y equipadas con armas modernas. A menudo se les llamaba "Los Del Generalísimo" por el título que Chiang se había asignado así mismo.

Además de esos 300.000, otro millón doscientos mil soldados estaban presumiblemente bajo el mando de Chiang, pero eran más bien una mezcolanza de unidades con diverso grado de entrenamiento, destreza y equipamiento. La calidad de su liderazgo también variaba mucho. Muchos de esos soldados obedecían a señores de la guerra locales o generales Kuomintang, pero tenían diversos grados de lealtad hacia Chiang. Alrededor de 1939, el ejército nacionalista había crecido hasta los 2,5 millones de soldados y, hacia el final de la guerra, aseguraban contar con cerca de 5 millones. Ese era sin embargo un número exagerado, sin contar que la calidad, motivación y lealtad de muchas de esas tropas era más que dudosa.

Además de los nacionalistas, los japoneses se enfrentaron a las tropas del Partido Comunista de China. Las fuerzas comunistas se dividían de forma similar a las de las nacionalistas, ya que contaban esencialmente con dos tipos de tropas: "regulares" e "irregulares". Las formaciones regulares de los comunistas consistían en su mayor parte en dos formaciones: El Ejército de la Octava Ruta y el Nuevo Cuarto Ejército, que operaban respectivamente en el norte y el centro de China. Los comunistas solo contaban con fuerzas locales y guerrillas en el sur del país. Estas dos unidades no contaban con más de 100.000 hombres en 1937, incluyendo un número considerable de tropas femeninas de apoyo que ocasionalmente participaban en combate. Hacia 1940, ambas unidades habían crecido hasta alcanzar el medio millón de soldados, reduciéndose después (debido a deserciones, enfermedades y desgaste) a unos 450.000, cifra que mantendrían durante la mayor parte de la guerra. En cualquier caso, en verano de 1945 quedó claro que Japón sería derrotada pronto y que la guerra civil china estallaría de nuevo. Las tropas comunistas acumulaban ya casi un millón de efectivos.

Tropas y Armamento de China

El armamento de las fuerzas nacionalistas variaba mucho según su disponibilidad y almacenaje. Antes de la guerra, las tropas nacionalistas, al menos las más leales a Chiang Kai-shek, contaban con armamento alemán relativamente moderno. No tenían, sin embargo, tanques como los que los alemanes desarrollaban y producían para satisfacer los futuros planes de Hitler. Tampoco disponían de aviones de guerra, prohibidos por el Tratado de Versalles que puso fin a la 1ª Guerra Mundial. Tras la ascensión de Hitler, los alemanes mantuvieron sus aviones en el país para usarlos en el inminente conflicto.

No obstante, los chinos contaban con uno de los mejores rifles de cerrojo de la guerra, el Mauser 98k, que habían importado y producido bajo licencia. También importaron rifles Mauser y carabinas hechas bajo licencia en Bélgica y Checoslovaquia. Además, recibieron cientos de miles de Gewehr 88, una versión previa del Mauser. ("98" y "88" hacen referencia al año en que el ejército alemán los aprobó por primera vez).

China importó varias ametralladoras de distintas naciones. Esto se debía a limitaciones de suministro y envío, así como disrupciones de suministro por razones políticas tanto en China como en el extranjero. Importaron ametralladoras ligeras de Rusia, Finlandia, Suiza y Checoslovaquia, pero pronto hubo escasez de munición, tambores y otras piezas armamentísticas. En cuanto a armas automáticas, las tropas chinas estuvieron siempre en desventaja numérica de tres a uno frente a las japonesas.

La artillería también fue problemática. Al principio de la guerra, los apenas 800 cañones pesados de los nacionalistas se mantuvieron bajo el control directo de Chiang. Esto se debía a dos motivos, aunque solo uno de ellos tuvo verdadera importancia. El primero era que se intentó centralizar la artillería disponible en vez de dividirla en pequeñas secciones, para que pudieran al menos ser efectivas en una batalla a gran escala contra los japoneses. El segundo motivo, mucho más importante al menos para Chiang, era que mantener la artillería bajo su control directo le aseguraba una ventaja frente a cualquier subordinado o señor de la guerra desleal o excesivamente ambicioso. Debido a esto, muchos morteros se importaron y fabricaron en China.

En años posteriores, los nacionalistas consiguieron artillería de manos de Gran Bretaña y Estados Unidos, pero dado que las rutas de suministro eran muy largas, no se podía confiar excesivamente en su aprovisionamiento regular. Hacia el fin de la guerra, los comunistas se beneficiaron de su relación con la Unión Soviética, que siempre hizo gala de su artillería. Junto con otros factores, el uso de artillería pesada soviética ayudó a los comunistas chinos a ganar la guerra civil china una vez Japón fue derrotada.

China también sufría desventaja en cuanto a vehículos blindados. De hecho, más allá de la numérica, China no gozó de ventaja en casi nada. Antes de la guerra, compraron a Francia y Gran Bretaña unos pocos tanques ligeros y tanquetas (una denominación previa a la guerra que describe una mezcla entre un camión de blindaje ligero y un tanque ligero). Durante la guerra, los soviéticos enviaron algunos BA-20 y BA-20 (carros blindados ya desfasados), así como tanques ligeros T26 que, a manos de personal bien entrenado, podían ser muy efectivos contra los japoneses, si bien esto ocurrió solo en contadas ocasiones.

La historia de las Fuerzas Aéreas Nacionalistas Chinas (o FAREC, por Fuerzas Aéreas de la República de China) es interesante y será tratada en un capítulo posterior, pero al comienzo de la guerra, los chinos estaban también en desventaja en ese departamento. En 1937, los chinos contaban con entre 200 y 250 aviones de combate según la fuente que se consulte.

Los aviones de las fuerzas aéreas de China eran una mezcolanza de aviones de otros países. Cuando empezó el conflicto, el ejército del aire chino consistía en monoplanos estadounidenses Boeing P-26 (los cazas llamados "cerbatana") y biplanos Curtiss BF2C-1 Goshawk. Ambos modelos estaban anticuados cuando empezó la guerra en China.

El Goshawk fue uno de los últimos cazas biplano, abandonándose su producción en 1933. Se diseñaron específicamente para su exportación, de modo que solo se fabricaron 164. La mayoría se enviaron a China, aunque algunos acabaron en manos de dictadores militares de Latinoamérica. El avión alcanzaba la velocidad máxima de 410 kilómetros por hora (aunque esto resultó ser más cierto en la teoría que en la práctica), tenía un grado de ascensión lento e incorporaba una extraña combinación de ametralladoras del calibre .30 y .50, una bajo cada ala, además de estar cargado con bombas de

225 kilogramos. Eran aviones excelentes para sofocar protestas internas o enfrentarse a señores de la guerra, pero no para luchar contra los japoneses.

El Boeing "Cerbatana" (*Peashooter* en inglés) era un monoplano de cabina abierta que se produjo por primera vez en 1932. Aunque se diseñó originalmente como caza de persecución para la Fuerza Aérea del Ejército de los Estados Unidos (la Fuerza Aérea de EE. UU. no se constituyó como parte separada de las Fuerzas Armadas hasta 1947), el avión pronto quedó obsoleto debido a los rápidos avances en el campo del diseño aeronáutico. La mayoría fueron exportados, siendo China el principal cliente. Tenía una velocidad máxima de 376 kilómetros por hora, una altitud máxima de 27.000 pies y llevaba varias armas: dos ametralladoras del calibre .30, una del calibre .50 y dos bombas de 45 kilos o bien cinco bombas antipersonales de 14 kilos. En 1938 se produjo una refriega entre los Zero japoneses (cazas de los que hablaremos en la sección de armamento japonés) y los "Cerbatanas" chinos. Fue la primera batalla aérea registrada que enfrentó exclusivamente a monoplanos.

Ilustración 4: Un caza Boeing "Cerbatana". Estos aviones se enfrentaron a los Zero japoneses con pobres resultados

El único caza que los chinos recibieron en grandes cantidades fue el Polikarpov I-16 "Ishak" ("Burro") soviético. Era un avión pequeño y maniobrable con una velocidad máxima de 524 km/h. En manos de un piloto experto, podía igualar a los primeros Zero en algunas situaciones. Llevaba dos ametralladoras de 7,62 mm. o bien dos cañones de 20 mm., además de poder equiparse con cohetes antitanque o 500 kilogramos de bombas. Se construyeron más de 10.000 unidades, pero, por supuesto, la mayoría permanecieron en la Unión Soviética para luchar a muerte contra Hitler. Aun así, un número relativamente importante de I-16 acabaron en China y fueron un factor determinante en muchas batallas de la segunda guerra sino-japonesa.

Por último, los chinos recibieron el apoyo de pilotos estadounidenses a bordo de aviones Curtiss P-40 Warhawk a partir de la primavera de 1941. Estos eran, por supuesto, los célebres Tigres Voladores. Más adelante prestaremos más atención a esta famosa formación dentro del contexto de la ayuda extranjera a China.

En cuanto a las fuerzas navales, los chinos estaban en tal desventaja que la palabra "armada" apenas puede utilizarse. Antes de la guerra, los chinos poseían dos cruceros ligeros relativamente modernos. Ambos se hundieron en el río Yangtze intentando defender Nanjing en 1937, pero fueron reflotados por los japoneses, quienes los incorporaron a la Armada Imperial Japonesa.

Los chinos también importaron de Alemania unos pocos E-barcos, torpederos rápidos similares a los PT estadounidenses. La mayoría fueron hundidos, aunque algunos sobrevivieron a sus patrullas fluviales en zonas bajo firme control chino y transportaron a Chiang Kai-shek y otros personajes importantes cuando fue necesario.

El resto de las fuerzas navales chinas consistía en antiguallas con las que se transportaban a las tropas y, en ocasiones, se montaban una o dos ametralladoras en cubierta, o bien un cañón japonés capturado, aunque esto último era muy inusual. El resto de la marina china consistía en veleros tradicionales, que fueron numerosos en la costa y en ríos importantes, y se utilizaban ocasionalmente para el contrabando de armas, personal y suministros.

Por último, aunque no contaban con grandes números de tanques, sí utilizaron trenes acorazados para transportar suministros y tropas, además de usarse como artillería móvil. El tren acorazado llegó a su pico de popularidad en la 1ª Guerra Mundial y en la década de 1920, pero muchos siguieron usándose en la 2ª Guerra Mundial, sobre todo a través de las grandes distancias de la Unión Soviética. Otros trenes se utilizaron para transportar a personajes célebres en zonas de guerra. Adolf Hitler, Hermann Goering, Joseph Stalin y Chiang Kai-shek confiaron en los trenes acorazados para su uso personal.

Ilustración 5: Este tren acorazado fue utilizado por austríacos, checos y rusos antes de la 2ª Guerra Mundial. Finalmente llegó a China como parte de la ayuda soviética para el conflicto

Japón

El número de soldados japoneses en China fluctuó durante la segunda guerra sino-japonesa según las acciones y la necesidad de Japón. En 1942, los japoneses tenían hombres desplegados en China, Filipinas, Indonesia, Malasia, Nueva Guinea, Vietnam, Birmania y muchas islas del pacífico. En ocasiones, sus fuerzas llegaron a las Islas Aleutianas y la India. También mantuvieron tropas en Manchuria y Corea para no perder de vista a la Unión Soviética.

Si mirásemos un mapa, podríamos ver que la zona de influencia japonesa y los escenarios bélicos en que participaron fueron mucho más extensos que los de Alemania. Es difícil imaginar lo mucho que podría haber cambiado el panorama de la guerra si Japón no hubiera invadido a China y el sureste asiático, optando en su lugar por concentrar sus esfuerzos contra EE. UU. en el pacífico, o contra el Imperio británico en Australia y Nueva Zelanda. Por supuesto, la decisión de Japón de ir a la guerra en China y el sureste de Asia provocó que Estados Unidos impusiera un embargo a Japón sobre recursos bélicos como acero, petróleo y carbón, lo que a su vez motivó el ataque japonés contra Pearl Harbor. Aun así, algunos japoneses apoyaron la idea de una guerra por el control del pacífico mucho antes del embargo.

Consideremos por un momento que Japón, en su momento de mayor fuerza en China, tenía aproximadamente un millón de soldados. Hay quien acerca esa cifra a los dos millones. Se trata de un millón aproximado de soldados que podría haberse usado en la campaña del Pacífico, si no fuera porque los chinos los mantuvieron ocupados. Muchos expertos están de acuerdo en que cualquier guerra entre Japón y Estados Unidos se habría saldado con una victoria estadounidense: el poder de la industria estadounidense, su ventaja tecnológica y armamentística y sus recursos prácticamente ilimitados así lo habrían asegurado. En cualquier caso, Estados Unidos sabía que cualquier guerra contra Japón se prolongaría mucho más sin la participación de China. Por eso, como veremos más tarde, EE. UU. hizo cuanto pudo por mantener a los chinos armados y aprovisionados.

Volviendo al tema que nos ocupa, Japón tenía poco más que medio millón de efectivos en China al comienzo de la guerra. La mayoría de los soldados fueron destinados a Manchukuo, la zona recién anexionada, aunque otros muchos fueron enviados a zonas concesionales de Japón, como Beijing. A juzgar por este número, es fácil descifrar las intenciones de Japón antes del Incidente del Puente de Marco Polo. No se necesitaba medio millón de soldados para proteger las zonas concesionales, y la Unión Soviética no tenía intención alguna de implicarse en Manchukuo, aunque los japoneses creían que sí. Esos 500.000 soldados esperaban su oportunidad para invadir China más allá de cualquier "agresión" que, como todo el planeta sabía, era una afirmación absurda.

En 1939, Japón tenía un millón de soldados en China. A ellos se unió un pequeño número de colaboradores chinos y una milicia considerable en Manchukuo, la cual se utilizó principalmente para mantener el orden y proteger recursos e instalaciones vitales. Estos pocos miles de hombres se rindieron casi de inmediato cuando los soviéticos y los comunistas chinos atacaron al final de la guerra.

Las tropas japonesas, al menos al principio de la guerra, contaban con alta motivación y un buen grado de entrenamiento, además de armamento y liderazgo adecuado. Estas ventajas permitieron a Japón atacar a China y alzarse victoriosa en la mayor parte de las refriegas. Sin embargo, la imagen que muchos occidentales tenían acerca de la naturaleza unilateral de la guerra en China era básicamente infundada. Si bien los japoneses vencieron en la mayoría de las batallas importantes, muchas de esas refriegas fueron costosas y frustraron constantemente a Japón en su búsqueda de una batalla decisiva que asegurara su victoria.

Tropas y Armamento de Japón

Como ya hemos visto, Japón contaba con superioridad en casi todos los aspectos militares: carros de combate, aviones y barcos.

En lo que se refiere a tanques, si bien los japoneses se vieron claramente superados contra los soviéticos en la batalla de Khalkhin Gol en 1939, y también contra los estadounidenses en el Pacífico, su superioridad contra China no solo les ayudó a ganar batallas, sino también a mantener controlada a la población.

Aunque Japón desarrolló varios tanques de clase media durante la guerra, la mayoría no llegó a ver acción y se decidió que se utilizarían en la esperada invasión estadounidense de Japón. Un modelo, el Tipo 97, llegó a desplegarse en Filipinas y en un par de escenarios bélicos más. No obstante, aunque fue el mejor tanque medio japonés de la guerra, fue igualmente superado por incluso los peores tanques estadounidenses y británicos. Japón también diseñó un tanque pesado o súper pesado, pero resultó ser tan poco práctico que nunca alcanzó la fase de desarrollo. Durante la guerra, tanto en China como en otros escenarios del conflicto, Japón confió principalmente en tanques ligeros y medios como los Tipos 89, 95 y 98.

El Tipo 89 "I-Go" ("I-Go" se refiere a que fue el primer modelo, a veces escrito como "Chi-Ro") pesaba 12,8 toneladas, medía 5,73 metros de largo por 2,56 de alto y 2,15 de ancho. Contaba con una dotación de cuatro hombres, amén de coraza remachada y ametralladoras de 57 mm. y 100 rondas de munición. Como armamento contra infantería, contaba con dos ametralladoras de 6.5 mm. (una frontal en el casco y otra trasera, junto a la torreta). Alcanzaba una velocidad punta de 25 km. por hora. El tanque estaba muy bien armado teniendo en cuenta su peso, pero tanto su propulsión como su protección era de baja calidad, con una coraza de apenas 17 mm. en su punto más grueso.

El Tipo 89 se diseñó en 1928 y dejó de producirse en 1942, cuando fue reemplazado por el Tipo 98. El Tipo 89 fue el principal tanque desplegado por Japón en la batalla de Khalkhin Gol contra la Unión Soviética, y se vio claramente superado por incluso los más obsoletos tanques enemigos, hecho del que los soviéticos tomaron nota.

EL Tipo 95 (conocido como "Ha-Go" o a veces "Ke-Go", términos que indican que se trataba del tercer modelo) fue un reemplazo para el Tipo 89 y también se utilizó en combate contra los soviéticos, así como contra los británicos en el sureste asiático y en India. Tiene el dudoso honor de ser el único vehículo acorazado que ha llegado a desplegarse en suelo estadounidense, lo que ocurrió durante la campaña de las Islas Aleutianas. Cerca del término de la guerra, las divisiones de artillería 18ª y º4ª del ejército japonés se enfrentaron a los británicos en el sur de China, cerca de la frontera con Birmania, y fueron aniquilados por los nuevos tanques Sherman M3, que acababan de llegar del norte de África. Aunque era más rápido que el 89, el Tipo 95 solo tenía un cañón de 37 mm. y una coraza de 12 mm., con lo que su única mejora residía en la velocidad.

Uno de los principales problemas de Japón con el desarrollo de tanques tenía que ver con el poco acero del que disponían. Al principio de este libro hemos aprendido que la escasez de recursos fue una de las principales motivaciones de Japón para declarar la guerra, pues las naciones modernas necesitan ciertos materiales para poder combatir. En el caso del acero, la Armada Imperial de Japón lo veía como prioridad. El argumento de la armada era lógico: en una nación isleña, la armada debía ser su principal línea de defensa. A partir de ahí, Japón solo podría expandirse en el extranjero, siendo la armada su único método de transporte y protección. Una vez el Imperio Japonés quedó establecido, la derrota de las armadas aliadas se convirtió en una absoluta prioridad, pues si la Armada Imperial de Japón era derrotada, la guerra estaría perdida. Esto fue precisamente lo que acabó ocurriendo. Como la Armada Imperial Japonesa tenía prioridad, las fuerzas de infantería recibirían menos efectivos y peores materiales que la flota, lo que se tradujo en tanques de baja calidad. Esto no supuso una gran diferencia al principio de la guerra, ya que los chinos fueron prácticamente el único contrincante al que se enfrentaron en tierra. Cuando Japón se topó con tanques estadounidenses, soviéticos y británicos, se dieron cuenta de la inferioridad de sus vehículos. Por entonces, el problema de los recursos no había hecho sino empeorar para Japón. La única opción parecía ser fabricar más tanques ligeros. Fue una decisión desacertada, pero en cuanto a producción de tanques, Japón estaba entre la espada y la pared.

Esto también implica que, al revés de lo que sucedió con posteriores modelos de tanques alemanes y aliados, los japoneses siguieron produciendo tanques con armadura remachada. Esta armadura es más frágil que la soldada, y los remaches acabaron convirtiéndose en armas antipersonales cuando recibían impactos fuetes. Los tanques medios mencionados anteriormente combinaron armaduras remachadas y soldadas, pero, de nuevo, dichos tanques permanecieron en Japón para la esperada invasión estadounidense.

De este modo, el tanque japonés más "moderno" en China, el Tipo 98 (denominado "Ke-Ni", "Tanque Ligero 2") desarrollado en 1938, tenía una coraza más gruesa y una torreta más efectiva. Sin embargo, contaba con el mismo cañón de 37 mm., inefectivo contra corazas pesadas. Algunas variantes llevaban un cañón de 20 mm., pero el resultado era el mismo: era efectivo contra infantería y edificios de madera, pero ineficaz contra el blindaje. Solo se produjeron un par de centenares de estos tanques.

Ilustración 6: Tipo 98 Ke-Ni, fotografía del Ejército Imperial Japonés

Aunque no llegó a afectar a la guerra en China (al menos no hasta el final del conflicto, cuando Japón se enfrentó a Gran Bretaña en el Sur y a la Unión Soviética en el norte tras el lanzamiento de las bombas atómicas), la incapacidad de los japoneses para aprender lecciones de la guerra acorazada moderna se debió principalmente a que nunca tuvieron un rival fuerte durante su guerra contra China. Por supuesto, cuando se enfrentaron a fuerzas británicas y soviéticas, la guerra ya había acabado esencialmente para Japón.

Fuerzas Navales

Los japoneses gozaron de tal superioridad contra los chinos en este aspecto que, realmente, no requiere mayor discusión. Solo quienes tengan un profundo interés en la fuerza naval japonesa de la Segunda Guerra Mundial querrán saber los tipos, detalles y números de los barcos que Japón utilizó en la guerra contra China. Baste con decir que la Armada Imperial Japonesa usó un pequeño número de acorazados antiguos -pues los más modernos se emplearon contra Estados Unidos tras Pearl Harbor-, además de cruceros, destructores, mineros, cañoneras fluviales y marítimas, y algunos submarinos para patrullar las costas y quizá interceptar suministros procedentes del extranjero.

Los sistemas fluviales del este de China también permitieron a los japoneses navegarlos en grandes distancias. Por ejemplo, en los primeros días de la batalla de Nanjing, varios testigos vieron una flotilla de veinte naves subiendo el río Yangtze hacia la ciudad. Los chinos no tenían medios para detenerlos.

Infantería

El Ejército Imperial Japonés estaba bien equipado, sobre todo en comparación con los ejércitos chinos y especialmente hasta la primera mitad de la guerra. Entre 1944 y 1945 llegaron a China más y más cantidades de armas estadounidenses, británicas y soviéticas. Poco a poco, los chinos empezaron a igualar el conflicto.

En general, las armas de infantería japonesas eran precisas y duraderas, aunque sus pistolas Nambu eran notablemente propensas a atascarse.

La principal arma de infantería de los soldados y marines japoneses durante la guerra fue el rifle Arisaka, del cual había algunas variantes. Otros rifles más antiguos, como el Tipo 38, hecho en 1905 (con el modelo de una carabina de 1911) también se usó en combate, ya que se llegaron a fabricar casi 3 millones y medio de unidades. Sin embargo, la principal arma de infantería durante la guerra fue el Arisaka Tipo 99. Hubo miles de variantes de otras armas, como carabinas de caballería y rifles de francotirador.

Desde que acabó la guerra, las imágenes de los guerreros de diversos países con sus armas se han incrustado en la conciencia colectiva. Los alemanes quedaron asociados con el Mauser 98k o la metralleta MP-40. Los estadounidenses tenían la metralleta Thompson o el rifle Garand; los soviéticos, la metralleta PPSh; y los británicos, la metralleta STEN o el rifle Lee-Enfield. Diversas imágenes a lo largo de la guerra mostraron a soldados japoneses con sus rifles Arisaka y sus respectivas bayonetas; en ocasiones también con la bandera japonesa del Sol Naciente.

Ilustración 7: Soldados japoneses con rifles Arisaka

El Arisaka Tipo 99 utilizaba munición de 7,7 mm. y tenía un rango eficaz de unos 600 metros, aunque este podía incrementarse con mirillas de francotirador o variantes de cañón más largo. El arma pesaba cerca de cuatro kilos. El tipo 99 era un rifle de cerrojo, y aunque la mayoría de los combatientes de la guerra se pasaron a las armas semiautomáticas, los japoneses se ciñeron al Tipo 99 hasta el final de la guerra.

El uso del Arisaka ofrece una cierta perspectiva sobre la psicología japonesa en la 2ª Guerra Mundial. Era una muy buena arma, y un soldado experimentado podía disparar unos treinta proyectiles en poco más de un minuto. Sin embargo, la escasez de recursos hizo mella en el desarrollo armamentístico de Japón, además de otro sutil motivo que explica por qué el Arisaka siguió siendo el arma estándar de los soldados japoneses y nunca se desarrollaron armas más modernas.

En primer lugar, al comienzo de la segunda guerra sino-japonesa (y también de la 2ª Guerra Mundial), los japoneses habían ganado virtualmente todas las batallas en las que habían luchado, siempre armados con su Arisaka. Empezaron no solo a asociar el Arisaka a la victoria, sino que desarrollaron una desafortunada tendencia en la que caen muchos ejércitos exitosos: se creyeron invencibles. Esto iba de la mano con la idea de que los japoneses eran superiores a sus enemigos, tanto en resistencia como en lealtad y fanatismo, entre otros aspectos. Justo cuando Hitler empezaba a creer que él y sus soldados podrían mover montañas a voluntad, a los japoneses les ocurrió lo mismo. ¿Para qué desarrollar armas nuevas cuando ya eran lo bastante buenos, además de un mero apéndice del "espíritu samurái" superior?

El Arisaka quedó asociado a la victoria. Según la propaganda japonesa, los soldados eran la encarnación moderna de los samuráis. Y dado que los samuráis llevaban espadas, los oficiales tenían permiso para hacerlo también. En cuanto a los soldados, la bayoneta larga del Arisaka se convirtió en un sustituto de la espada -algo así como el sable de samurái del recluta-. Todos conocemos el poder de la espada samurái en la historia, psicología y mitología japonesa.

Los japoneses también proveyeron a sus soldados con Mausers 98k alemanes, hechos bajo licencia en años de preguerra, y rifles italianos Carcano.

Si bien los japoneses llegaron a usar algunas metralletas alemanas MP 18, no terminó siendo un arma popular ni extendida entre sus filas. Muchos historiadores militares, así como soldados japoneses y aliados, han citado la escasez de metralletas como una clara debilidad de la infantería japonesa en la 2ª Guerra Mundial. Aunque usaron ametralladoras ligeras y medias, se trató siempre de armas pesadas que requerían dos o tres hombres para utilizarse, lo que reducía la movilidad.

Japón empezó la campaña de Manchuria echando mano de ametralladoras Tipo 11. Se construyeron casi 30.000 unidades de un arma que, en cierto modo, puede compararse con el rifle automático Browning (BAR) estadounidense; tanto en su aspecto como en cuanto a que era de uso individual. Aun así, era muy pesada y precisaba de un bípode, además de ser relativamente poco fiable.

En 1937, Japón desarrolló el Tipo 96, una ametralladora ligera de 6,5 mm. que necesitaba dos hombres para utilizarse, pesaba 8,5 kilos y tenía una cadencia lenta de fuego con 250 balas por minuto (con disparos precisos) o 550 balas por minuto para proporcionar cobertura. Tenía un rango eficaz de 600 metros. Se construyeron aproximadamente 41.000 unidades.

En 1939, los japoneses desarrollaron una ametralladora ligera/media que podía disparar los mismos proyectiles (7,7 mm.) que su ametralladora más pesada, la Tipo 92 (usada sobre todo en defensa). También fabricaron 53.000 unidades del Tipo 99, la ametralladora más utilizada por Japón en la guerra. Era también un arma a cuatro manos, aunque una sola persona podía utilizarla si era necesario. Contaba también con una bayoneta, un nuevo ejemplo del "espíritu samurái", pero era muy poco práctica, ya que pesaba más de 11 kilos. La Tipo 99 tenía una cadencia de fuego de 800 proyectiles por minuto, pero era más eficaz en ráfagas cortas (como la mayoría de las ametralladoras) con una cadencia de 250 balas por minuto. En la guerra del Pacífico, los marines americanos aprendieron a temer esta arma, pero, por suerte, no se fabricaron muchas: en comparación,

EE. UU. fabricó casi tres millones de ametralladoras del calibre .30 y .50 durante la guerra.

Los japoneses también produjeron una gran variedad de morteros y armas de artillería, y sus artilleros se contaron entre los mejores de la guerra. Sin embargo, de nuevo, problemas de desarrollo y aprovisionamiento afectaron al Ejército Imperial Japonés. En China contaron con ventaja práctica en artillería y morteros, pero, en el Pacífico, se vieron ampliamente superados por Estados Unidos y Gran Bretaña.

Fuerzas Aéreas

Durante la segunda guerra sino-japonesa y la Segunda Guerra Mundial no hubo ninguna "Fuerza Aérea Japonesa". En lugar de eso, ejército y armada contaban con sus propias fuerzas aéreas, como ocurría con Estados Unidos. A lo largo de ambos conflictos, los japoneses desplegaron una increíble variedad de aviones: cazas, bombarderos, torpederos, aviones de reconocimiento y transporte, etc. Y dentro de esas categorías había muchos tipos diferentes, como era el caso de cazas y bombarderos, ya fueran mejoras de anteriores diseños o modelos totalmente nuevos.

Aunque los japoneses utilizaron unos doce tipos diferentes de cazas y seis bombarderos (tres bombarderos medianos y tres bombarderos en picado), son también conocidos por un modelo de caza en concreto: el icónico "Zero", oficialmente designado Mitsubishi A6M "Reisen". El nombre "Zero" procede del ultimo dígito del año imperial en el que entró en servicio, el año 2600 o 1940.

El atributo más conocido del Zero era su maniobrabilidad. Hasta el año 42/43, el Zero fue, sencillamente, el avión más maniobrable de Asia. En manos de un piloto hábil, el Zero podía invertir su rumbo casi al instante. Y cuando se desplegó en 1940, el Zero era también uno de los aviones más rápidos, alcanzando los 530 km. por hora.

Las debilidades del Zero eran parte de la razón por la que era tan maniobrable. Al estar hecho principalmente de madera, era muy ligero. A medida que los aviones estadounidenses adquirían experiencia y mejoraban sus aeroplanos, aprendieron a combatir contra los Zero, a los que llegaron a llamar "cometas de papel", pues se desintegraban con una sola ráfaga certera de sus ametralladoras del calibre .50. Aun así, entre 1940 y 1943, los Zero gobernaron los cielos. Sobre todo en China, donde nunca tuvieron un reto a su altura, salvo por un breve período de tiempo antes de que Estados Unidos entrara en la guerra. Antes del despliegue del Zero, la Armada Imperial Japonesa desplegó el Mitsubishi A5M "Claude", un monoplano de cabina abierta que fue el enemigo de las fuerzas aéreas chinas en la batalla de monoplanos que hemos mencionado anteriormente.

El Ejército Imperial Japonés desplegó dos cazas en China: el Nakajima Ki-37 "Nae" (su designación aliada) y su versión mejorada, el Nakajima Ki-43 "Hayabusa" ("Halcón Peregrino"), llamado "Oscar" por los aliados.

Aunque fueron fabricados por la corporación Nakajima en lugar de la Mitsubishi (como era el caso del Zero), el Nate y el Oscar se parecían mucho al Zero. El Nate se desplegó por primera vez en 1937 y fue el estandarte de las fuerzas aéreas del Ejército Imperial Japonés hasta 1943, cuando el excelente "Oscar" entró en escena. El Oscar igualó al Zero tanto en fortalezas como en debilidades, incluyendo la ausencia de tanques de combustible autosellables, lo que condujo a muchas muertes por incendio.

Ilustración 8: Zero (arriba)/Oscar (abajo)

En su guerra contra China, en la que atacaron a menudo a objetivos civiles, los japoneses usaron principalmente el bombardero mediano Mitsubishi G4M "Betty". Por suerte para sus adversarios, sobre todo en el Pacífico, el Betty había sido diseñado para alcanzar un alto alcance y velocidad, es decir, era de clase ligera. En cambio, al igual que el Zero, apenas tenía blindaje ni tanques autosellables, y buena parte de la estructura del avión era de madera. Debido a esto, era relativamente fácil derribar a un Betty.

Sin embargo, en China, donde el ejército no contaba con suficientes armas antiaéreas, ni cazas, ni pilotos. Y cuando los japoneses contaron con cazas de escolta suficientes (como al principio de la guerra), el Betty y otros bombarderos arrasaron varias ciudades chinas.

El Betty tenía un alcance de vuelo de 2.850 kilómetros, lo que le permitía alcanzar ejércitos enemigos lejanos, por ejemplo, en Manchuria y Taiwán (que había sido reclamada por Japón en la primera guerra sino-japonesa y a la que llamaban Formosa). El Betty tenía cuatro ametralladoras de 7,7 mm. (modelos posteriores añadieron un cañón de 20 mm. en la cola) y una carga útil de unos 900 kilos para aprovechar en distintos tipos de misión. Durante la guerra se fabricaron unos 2.500 Bettys, la mayoría de los cuales fueron desplegados en China.

Capítulo 7 – La Tragedia de Nanjing

Aunque la invasión japonesa de Manchuria en 1931 había causado rechazo internacional y un voto en contra de Japón en la Liga de las Naciones, sin olvidar que la propia invasión de China tras el incidente del Puente de Marco Polo despertó una condena mundial contra Japón, no fue hasta la batalla de Nanjing y su violencia sin precedentes cuando el mundo empezó a entender las dimensiones de los planes del país del sol naciente en China.

En 1940 (tres años después de la masacre de Nanjing), los japoneses, en respuesta a una ofensiva de la guerrilla comunista llamada "Ofensiva de los Cien Regimientos", el ejército japonés implementó lo que se dio a conocer como "Política de los Tres Todos". Esos tres todos eran: "matarlos a todos, quemarlo todo, saquearlo todo". Su nombre oficial era más representativo, pero no por ello menos brutal: "La Estrategia de Quemar Hasta las Cenizas". Los historiadores han argumentado que implementar esta política equivalía a una campaña genocida en China, pero mucho antes de que esta política tuviera un nombre, los japoneses ya habían empezado a quemar todo, saquearlo todo y matarlos a todos en Nanjing.

Antes de la batalla de Shanghái, en el ejército y el gobierno de Japón algunos creían que la campaña en China debía detenerse, si no para siempre al menos por un tiempo mientras el ejército se reorganizaba y aprovisionaba. Estas personas también creían que, de forma contraria a su retórica, los chinos exigirían la paz. Arguyeron también que Japón controlaba una parte importante de China (más grande que la propia Japón) y que debía consolidar su gobierno y sus ganancias económicas.

Estos moderados japoneses no lograron convencer a los militantes, lo que no debería sorprendernos. El Ejército Imperial Japonés nunca había perdido una guerra y China estaba en las últimas. Aunque nacionalistas y comunistas habían acordado dejar sus diferencias a un lado para unirse contra el enemigo, había importantes diferencias entre ambos grupos, tanto en su perspectiva política como en su visión de la guerra contra Japón y la estrategia a seguir. Además, era habitual que unidades de nacionalistas y comunistas acabaran enfrentándose entre sí.

Algunos nacionalistas se preguntaban incluso si Chiang Kai-shek estaba más interesado en luchar contra los comunistas que contra los japoneses. Ya en 1936, antes del Incidente del Puente de Marco Polo y en medio de refriegas frecuentes y tensión con los japoneses, Chiang parecía más dispuesto a batallar contra el comunista Mao Zedong que contra los invasores extranjeros. Dos de los señores de la guerra más poderosos que Chiang necesitaba se volvieron contra él. Tras secuestrarlo, le exigieron públicamente que se centrara en los japoneses y firmara la paz con los comunistas, al menos temporalmente.

Como hemos visto antes, tras el Incidente del Puente de Marco Polo y la sangrienta batalla de Shanghái, Chiang anunció que su partido se opondría firmemente a los japoneses. Los militantes de Japón señalaron dicha decisión, además de sus exitosas campañas previas, como excusa para acelerar la futura anexión de China.

Ilustración 9: China en la actualidad. El mapa muestra la localización de Nanjing y otras ciudades importantes

Su siguiente objetivo era Nanjing, ciudad que, como puede verse en el mapa superior, estaba lejos de la costa marítima, pero era un puerto importante y una zona habitual para el almacenaje y el transporte de bienes hacia el interior de China. La población de Nanjing en la actualidad supera los ocho millones de personas, casi tantas como en Nueva York. En 1937, Nanjing sumaba un millón de habitantes, aunque cuando se produjo el asalto japonés, muchos acabaron huyendo de la ciudad, en su mayoría chinos de clase alta y buena parte de los extranjeros que residían allí. Aun así, cuando los japoneses iniciaron su ataque, seguía habiendo cientos de miles de civiles y militares en la ciudad.

Quienes conocen hoy la historia de la segunda guerra sino-japonesa y de los terribles eventos de Nanjing señalan las grandes diferencias en cuanto al cálculo aproximado de habitantes antes, durante y después de la guerra, así como las discrepancias en el número de muertos cuando la atroz batalla llegó a su fin. La derecha política japonesa se sirvió de dichas discrepancias para desmentir que hubiera habido una masacre en Nanjing, alegando que "sí, en la guerra muere gente, pero no hubo ninguna masacre. Es todo propaganda china y comunista".

En su libro *La Violación de Nanking*, Iris Chang calcula que el número total de muertes en la masacre asciende a entre 400.000 y 500.000. El periodista australiano Harold Timperley, quien trabajó en China antes, durante y después de la guerra, estableció el total en 400.000 muertes. El gobierno chino se muestra generalmente de acuerdo con estos números. Es difícil encontrar cifras oficiales según el gobierno japonés y, siendo justos, los cálculos actuales de la masacre varían tanto que muy probablemente nunca exista un consenso. En la actualidad, el número de muertes en la masacre se establece habitualmente entre las 40.000 y las 200.000. Los ultranacionalistas japoneses hablan de cifras tan bajas como las 10.000 muertes.

Aunque tuviéramos un número exacto, los ultraderechistas seguirían probablemente negando las atrocidades, pero los números siguen siendo problemáticos. Es fácil entender por qué debido a las razones citadas anteriormente.

En la China de 1937 (y, en realidad, también en la China de los 90) no existía realmente una clase media. La población se situaba o en lo más alto o en lo más bajo y, cuando hablamos de "bajo", hay que tener en cuenta que China era un país desesperadamente pobre.

No había dinero para mantener instituciones que se dedicaran a llevar la cuenta exacta de la población y, aunque las hubiera, el tamaño del país y las frecuentes migraciones de la época hacen que fuera imposible conseguir una cifra precisa.

Además, entre 1900 (cuando se produjo la rebelión Bóxer) y la década de 1930, China pasó por varias guerras y rebeliones violentas. Los desastres naturales, como inundaciones, hambruna y terremotos, contribuían también a que realizar censos de población fuera casi imposible.

Por último, la guerra destruyó buena parte de los registros existentes. Después, por supuesto, llegó el fin de la guerra civil china, seguida de los levantamientos comunistas a mano de Mao Zedong (como el Gran Salto Adelante entre los 50 y los 60, y la Revolución

Cultural de los 60 y los 70), cuando ideas, números, registros y otras muchas fuentes de información fueron destruidas o manipuladas. En cualquier caso, a través de algunos registros que han sobrevivido, testimonios contemporáneos y un gran esfuerzo por parte de historiadores y demás, tenemos una cierta idea de la población de Nanjing en la época.

Algunos dirán: "¿Por qué no tenemos al menos un cómputo exacto de los muertos?". Por macabro que suene, Nanjing no era Auschwitz, lugar del que sí se conservan aterradores registros, y los eventos de Nanjing no fueron planeados. En su mayor parte, se trató de una orgía de violencia que se produjo de modo espontáneo y fuera de las sanciones del gobierno japonés, que en cualquier caso la aprobó.

En Nanjing, ningún chino salió de casa si no era imprescindible, y ciertamente nadie se paró a contar los cuerpos acumulados en fosas comunes, ni las pilas de cadáveres en las calles. Los japoneses tampoco se molestaron en contarlos.

La batalla y la tragedia que vino después empezó oficialmente el 13 de diciembre de 1937. Los japoneses, frescos tras su victoria en Shanghái, capturaron rápidamente la capital de Chiang y llegaron pocos días después a las puertas de Nanjing, a tan solo 370 kilómetros de distancia, eliminando toda resistencia china de camino.

Los chinos habían luchado ferozmente en Shanghái y seguían coordinando un plan de defensa después de que Chiang anunciara una guerra total contra Japón, pero estaban desorganizados y desmoralizados, razón por la que Japón actuó tan rápido.

La batalla de Nanjing fue más una masacre que una batalla. El ejército chino, bajo el mando del general Tang Shengzhi (quien consiguió sobrevivir bajo el régimen comunista y fue brevemente el gobernador de la provincia de Hunan) se colapsó. Algunas unidades lograron escapar a la ciudad. Había tanta desesperación por intentar huir de Nanjing que algunas unidades chinas se dispararon entre sí para "quitarse de en medio" durante la retirada. Sin embargo, cuando llegó la orden oficial de retirada, la mayoría de los efectivos de más de dos divisiones del ejército chino ya habían huido o estaban acorraladas. Los japoneses solo tardaron dos días en conseguirlo.

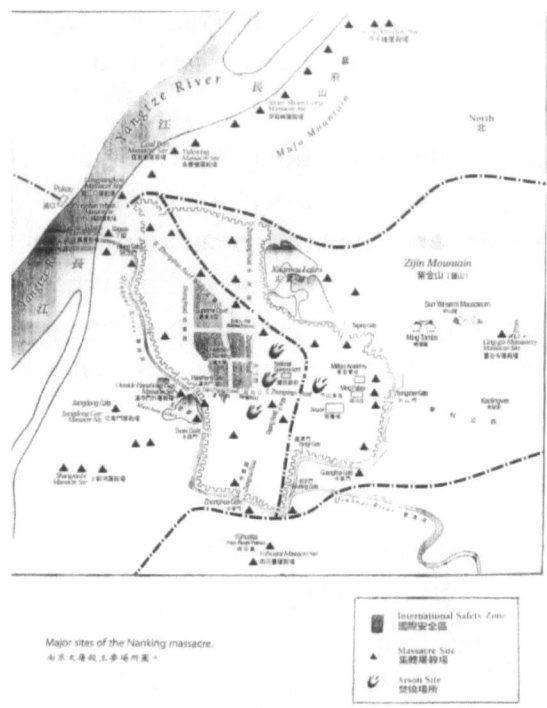

Ilustración 15: Lugares donde se produjeron las atrocidades principales, Nanjing, 1937

Lo que vino a continuación conmocionó al mundo, incluso a los hombres de Berlín. (Debe observarse que uno de los "Salvadores" de Nanjing fue un diplomático alemán, John Rabe, quien -junto con otros europeos de países con los que Japón prefería no enemistarse por el momento- logró establecer una "zona segura" en la parte europea de Nanjing, salvando a miles de personas). La matanza se alargó durante seis largas semanas.

Cincuenta años después, la historiadora y escritora estadounidense Iris Chang describió en su éxito de ventas *La Violación de Nanking* (1997) lo que muchos ciudadanos de China y Nanjing ya sabían, pero que durante medio siglo el mundo en su mayoría había ignorado.

Pocos años después Chang se quitó la vida como resultado de una depresión ignorada, además de por haberse sumergido en el horror de la segunda guerra sino-japonesa durante diez años. Chang fue muy criticada tras la publicación de su libro, pero dichas críticas procedieron principalmente de japoneses y de personas que no comprendían la magnitud de los hechos. Los ultraderechistas japoneses afirmaron que todo su libro era mentira.

El siguiente es un extracto del libro.

Los japoneses no solo destriparon, decapitaron y desmembraron a sus víctimas, sino que cometieron actos de tortura aún más atroces. Por toda la ciudad, clavaron prisioneros a postes de madera y los arrollaron con tanques, los crucificaron en árboles y postes eléctricos, les sacaron la piel a tiras y los usaron como muñecos de práctica para sus bayonetas. Supuestamente, arrancaron ojos, nariz y orejas al menos a cien hombres antes de prenderles fuego. Otro grupo de unos doscientos soldados y civiles chinos fueron obligados a desnudarse, tras lo cual los ataron a las puertas y columnas de una escuela y los perforaron con "zhuizi" (unas agujas especiales con mangos) en todo el cuerpo, incluyendo la boca, la garganta y los ojos... los japoneses arrastraron a grandes grupos de víctimas a su incineración en masa. En Hsiakwan (junto al Yangtze), un soldado japonés ató a diez prisioneros chinos y los empujó a un pozo, donde los roció con gasolina y les prendió fuego. Los japoneses realizaron macabros juegos como competir por "ver quién mataba más rápido". Mientras un soldado montaba guardia con su ametralladora, otros ocho soldados se dividían en parejas para formar cuatro equipos distintos. En cada equipo, un soldado decapitaba a prisioneros con una espada mientras el otro recogía sus cabezas y las tiraba a una pila. Los prisioneros yacieron inmóviles y aterrados mientras sus compatriotas caían uno a uno.

Y, por supuesto, lo llaman "Violación de Nanjing" por la cantidad de crímenes sexuales que se produjeron en la ciudad. Decenas de miles de mujeres y niñas fueron violadas, a menudo también asesinadas acto seguido. Esto incluyó a chicas de menos de diez años y mujeres de más de setenta.

Podría contarse mucho más, pero seguro que lo dicho basta para hacerse a la idea. Para mayor agravio, la amplia mayoría de los perpetradores que sobrevivieron a la guerra no recibieron ningún castigo por varias razones. La mayoría de los japoneses que quedaron en China al término de la guerra fueron transportados de vuelta a Japón. Además, muchos de quienes podrían identificar a los criminales de guerra murieron durante la contienda o bien no pudieron encontrarse hasta mucho tiempo después, cuando China tenía otros problemas como su guerra civil y la toma de poder comunista. En tercer lugar, tras la guerra, Estados Unidos y el gobierno de Chiang Kai-shek en Taiwán necesitaba a Japón como aliada contra la República Popular de China y, por lo tanto, muchos criminales de guerra japoneses, incluyendo los que habían cometido crímenes contra estadounidenses, quedaron impunes. En los años 90, tras la publicación del libro de Iris Chang, el gobierno chino en Beijing aceleró su transición hacia la libre empresa y necesitaba acceder a los mercados japoneses. Por lo tanto, no querían enfurecer a su nuevo compañero de negocios, pues muchos de quienes estaban al cargo de las compañías japonesas estaban en su tercera y edad. Muchos de ellos habían estado en combate en China. Baste con decir que la amplia mayoría de los japoneses que cometieron atrocidades en Nanjing (y en toda China) se libraron de todo castigo, aunque el general japonés Iwane Matsui sobrevivió a la guerra y fue juzgado y ejecutado por sus crímenes en 1948.

Sin embargo, la masacre de Nanjing tuvo un efecto positivo: fortaleció la voluntad de los chinos para luchar contra Japón. Tras la conquista de buena parte de la costa de China y muchas de sus ciudades, la lucha entre ambos países se convirtió en una costosa sucesión de pequeñas refriegas, campañas de guerrillas (sobre todo por parte de los comunistas chinos) y misiones de búsqueda y destrucción por parte de los japoneses. Esta situación se alargó hasta 1944 cuando, impulsados por la enorme ayuda aliada que llegaba a través del Himalaya y la Carretera de Birmania hacia el sur de China, tanto los comunistas como los nacionalistas (a veces en conjunto, a veces por separado) empezaron una campaña más agresiva en el sur y la parte central de China.

Hasta entonces, dio la impresión de que Japón acabaría apoderándose de todo el país, pero incluso en Japón empezaron a asomar dudas respecto a su capacidad para derrotar al enemigo. A medida que la guerra progresaba, mucha gente empezó a creer que Japón no tenía suficiente poder como para conquistar a China, que después de todo, era enorme. También era el país más poblado del mundo, de modo que contaba con un suministro casi ilimitado de soldados y siempre podrían retirarse hacia el centro y el oeste del país, donde los japoneses no podrían alcanzarlos sin estirar mucho sus ya maltrechas líneas de suministro.

Estas dudas por parte de muchos japoneses (incluso en el ejército, que ansiaba con ahínco la conquista de China) empezaron a solidificarse en primavera de 1938, cuando se produjo la batalla de Tai'erzhuang.

Capítulo 8 – Eran Prescindibles

Como algunos lectores sabrán, el título de este capítulo procede de un famoso libro (y su adaptación cinematográfica) sobre la experiencia de militares estadounidenses en botes PT durante la 2ª Guerra Mundial. No obstante, los verdaderos "prescindibles" fueron los soldados chinos que decidieron que sus propias vidas eran menos importantes que derrotar a los japoneses.

A finales de marzo de 1938, Japón deseaba solidificar su posición en el norte de China y, para ello, necesitaban tomar la ciudad de Xuzhou y su área colindante. Xuzhou estaba entre la provincia costera de Jiangsu (que abarcaba a Shanghái y Nanking), la provincia de Henan en el oeste, donde se concentraban grandes fuerzas comunistas, además de un importante sistema de ferrocarril y un canal que enlazaba el norte con el sur.

De camino a Xuzhou había otra ciudad más pequeña y menos poblada: Tai'erzhuang. Se encontraba en el lado oriental del Gran Canal (la antigua e importante vía navegable en la que se transportaban las mercancías del este de China), y era también un punto clave del ferrocarril local. El control de Tai'erzhuang era importante para ambos bandos. Para Japón, controlar la zona supondría poder desplazarse en muchas direcciones incluyendo la de la ciudad de Wuhan, por entonces un nexo de actividad nacionalista y de concentración de tropas.

Sin embargo, de manera extraña, la batalla llegó en un momento en el que el gobierno japonés, incluyendo al emperador Hirohito, había declarado que la ofensiva contra China debería interrumpirse por al menos un año para consolidar ganancias, reforzar las tropas y asegurar sus nuevas posiciones. Pero, de nuevo, las fuerzas japonesas en China ignoraron las órdenes recibidas, lo que es interesante teniendo en cuenta el énfasis que Japón ponía en obedecer al emperador en todo momento. Sin embargo, los japoneses estaban frescos tras su gran victoria en Nanjing, así que querían perseguir a los chinos y enfrentarse a ellos en la "batalla decisiva" que decidiría la guerra, una idea que obsesionó a Japón durante todo el conflicto.

Las fuerzas japonesas avanzaron hacia el área de Xuzhou y Tai'erzhuang desde tres direcciones: norte, este y sur. Cada grupo consistía en una división reforzada con unidades pequeñas. En total, esta fuerza amasó entre 40.000 y 75.000 hombres más 80 tanques.

Las fuerzas chinas a las que se enfrentaron eran una mezcla de hombres experimentados y novatos, así como de unidades bien y mal equipadas, como ocurrió con frecuencia en el ejército chino al principio de la guerra. Por si fuera poco, estaban comandadas por generales rivales, muchos de los cuales habían sido enemigos durante la época de los señores de la guerra entre las décadas de 1910 y 1920. Además de la enemistad que sentían mutuamente y que intentaron dejar a un lado, muchos generales sentían cierto desprecio por las tropas de otras unidades, debido principalmente a rivalidades locales y a estereotipos. La adicción al opio también estaba descontrolada entre sus filas. Dicho de forma sencilla, el ejército chino era un desastre. Aun así, no solo salieron victoriosos de la batalla de Tai'erzhuang: también convirtieron el nombre de la ciudad en un grito de guerra para el pueblo chino.

Tai'erzhuang era una ciudad antigua que consistía en un laberinto de calles adoquinadas y casas de piedra conectadas por un complejo sistema de callejuelas. Se utilizaron portones y torres vigía antiguas para observar y resistir a los japoneses. En un extremo de la ciudad estaba el Gran Canal y, en el otro, el ferrocarril. Tai'erzhuang se construyó como Baluarte defensivo, y era imprescindible defenderlo para proteger las líneas de suministro de China.

La mayoría de los habitantes de Tai'erzhuang huyeron antes de que empezara la batalla el 20 de marzo de 1938. Los japoneses realizaron un ataque sorpresa con el que esperaban coger desprevenidos a los chinos y forzar su retirada, dejando abierta la puerta a la concurrida ciudad de Xuzhou. El plan fracasó y, entre los días 21 y 24 del mismo mes, Japón bombardeó la ciudad a la par que lanzaba pequeñas ofensivas.

Hacia el 27 de marzo, casi la mitad de los defensores chinos de Tai'erzhuang estaban muertos o gravemente heridos, pero, bajo el liderazgo del teniente general Chi Fengcheng, los chinos se reagruparon y lucharon contra los japoneses en escaramuzas callejeras. Esa forma de combate les permitió contrarrestar la superioridad japonesa en artillería y fuerzas aéreas. Gran parte de la lucha se produjo de noche, y los chinos se volvieron diestros en materia de tácticas de infiltración, apareciendo por sorpresa tras la línea japonesa para luchar contra ellos cuerpo a cuerpo. Hoy existen muchos memoriales en Tai'erzhuang. El que muestra la siguiente foto ilustra un grupo de soldados chinos con machetes, arma con la que muchos estaban equipados.

Ilustración 16: Escultura en el muro frontal del Memorial de batalla de Tai'erzhuang

En la ciudad, la batalla se convirtió en un brutal punto muerto de luchas callejeras. En el oeste, algunos de los defensores recibieron el apelativo de "prescindibles", pero una buena traducción del nombre chino sería "las unidades que se atreven a morir", una forma educada de decir "escuadrón suicida". A medida que la lucha se recrudecía, y dado que los chinos sabían que la rendición sería quizá un destino peor que la muerte, muchos se mostraron dispuestos a dar la vida si con ello podrían acabar con los japoneses. Esto fue especialmente cierto en el momento en que Japón utilizó sus tanques contra los chinos, quienes carecían de armas anticarro (más allá de sus chalecos suicidas, elaborados con granadas que detonaban en cuanto se acercaban a los tanques japoneses).

El combate cuerpo a cuerpo se extendió por el interior de la ciudad. En las afueras, los chinos, aprovechándose del terreno y de la forma en que los japoneses los habían subestimado, trajeron refuerzos para rodear la ciudad con el enemigo dentro. Para el 3 de abril, las tropas japonesas en la ciudad estaban totalmente flanqueadas, y sus repetidos intentos por abrirse paso fracasaron. El 6 de abril de 1938, las fuerzas japonesas restantes fueron tomadas prisioneras (cerca de 800 soldados) y los chinos se apoderaron de numerosos tanques y cañones que les ayudarían a posteriori.

La batalla de Tai'erzhuang, que acabó oficialmente el 7 de abril, fue una conmoción para Japón, que hasta entonces se creía invencible. En el país del sol naciente se hicieron grandes esfuerzos por apartar de los medios las noticias de la derrota. La mayoría de los japoneses, incluso dentro del ejército, nunca supieron de ella.

Para los chinos, la victoria en Tai'erzhuang suponía una inspiración. Demostró que podían vencer a los japoneses y que algunos de sus generales eran capaces de liderarlos en combate.

Capítulo 9 – La Guerra se Prolonga

Por desgracia, la mayoría de los occidentales y japoneses han olvidado la segunda guerra sino-japonesa. En todo caso, han oído hablar de la Violación de Nanjing, el Incidente del Puente de Marco Polo o la captura de Shanghái (esta última, quizá, por *El Imperio del Sol,* la película de Spielberg de 1987).

Una de las refriegas más ignoradas de esta guerra es la batalla de Wuhan, donde se calcula que 1.200.000 personas entre ambos bandos perdieron la vida. Es una cifra equiparable a la de las batallas de Stalingrado y Leningrado, y superior a la batalla de Berlín en 1945.

Wuhan se encuentra en la provincia de Hubei. La lucha que se produjo allí en 1938 aconteció tanto en la ciudad como en el área circundante. Hubei es una provincia del interior que enlaza a zonas costeras con provincias occidentales, y es también importante para cualquier desplazamiento de norte a sur. Para quienes estén familiarizados con la guerra civil americana, la provincia de Hubei se asemeja mucho a lo que Tennessee fue en 1860: un centro de tráfico, suministros y migrantes. Tras la caída de Nanjing, Wuhan se convirtió a efectos prácticos en la capital de China por un breve tiempo.

Los japoneses querían conquistar la zona en junio de 1938, pero tuvieron que hacer frente a varios problemas. En primer lugar, era evidente en el gobierno japonés que la guerra en China duraría más de lo esperado. La economía japonesa ya estaba sufriendo por el hastío bélico, y eso fue antes de declararle la guerra a Estados Unidos.

Muchos hombres que normalmente se utilizarían como mano de obra eran enviados al ejército. Los gastos, ya descontrolados, siguieron aumentando. La deuda nacional se incrementó y empezó a causar inflación. En respuesta, el gobierno japonés puso a toda la nación en pie de guerra, incluyendo la economía.

En China, el avance japonés hacia Wuhan fue ralentizado por una decisión monumental por parte de Chiang Kai-shek. Presionado por sus consejeros, ordenó que se demolieran las presas del río Yangtzé para inundar la zona y retrasar al enemigo. El plan funcionó a costa también de 800.000 vidas chinas debido a inundaciones, hambruna tras la pérdida de las cosechas y enfermedades.

Los japoneses pudieron traer a 400.000 hombres al combate, junto con varios cientos de aviones y unos 100 barcos al río Yangtzé y sus tributarios. Estos barcos contribuyeron a impedir que las tropas chinas pudieran reabastecerse, sobre todo en la propia ciudad de Wuhan.

Por su parte, China contaba con unos dos millones de hombres en esa zona clave, más un millón aproximadamente en Wuhan y su periferia. De nuevo, estas unidades eran una mezcolanza de grupos de élite y unidades faltas de entrenamiento, provisiones y motivación, aunque las unidades del ejército regular mejoraron a lo largo de las varias fases de la guerra.

La batalla se produjo entre junio y octubre. En ella se dieron muchas formas de combate, incluyendo los desembarcos anfibios con que empezó, batallas de tanques y ataques químicos, estos últimos operados por los japoneses.

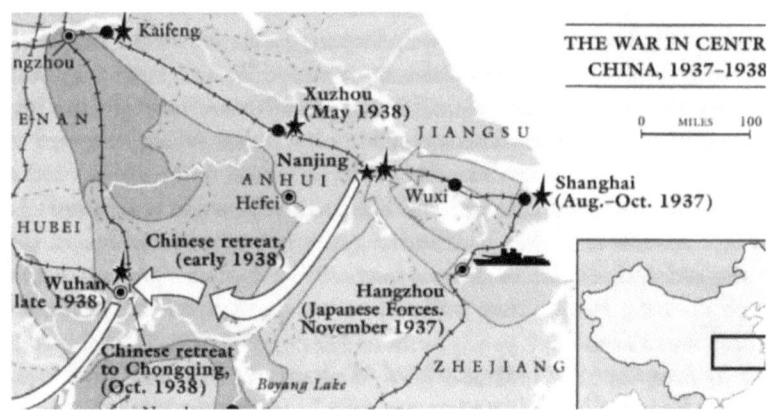

Ilustración 10: Principales acciones de la segunda guerra sino-japonesa, 1937-38

La batalla de Wuhan consistió en una serie de escaramuzas producidas a lo largo de varios meses. Antes del comienzo de la batalla se produjo un intenso combate aéreo al que el ejército chino contemporáneo se refiere como "Batalla Aérea del 18/2" por la fecha en que se disputó, 18 de febrero. Acabó, para sorpresa de los japoneses, con una victoria para China. Otra batalla aérea importante fue la "Batalla Aérea del 29/4", impulsada por Japón para celebrar el cumpleaños del emperador.

La batalla de Wuhan empezó propiamente el 15 de junio de 1938, cuando los japoneses capturaron la ciudad de Anqing. Pocos días después lanzaron un doble desembarco anfibio que obligó a los chinos a retirarse. A lo largo de las semanas posteriores, los japoneses utilizaron sus fuerzas navales para controlar ríos y canales en la zona de Wuhan. Las cosas les fueron bien en la primera etapa de la batalla, pero en agosto, la resistencia china empezó a endurecerse.

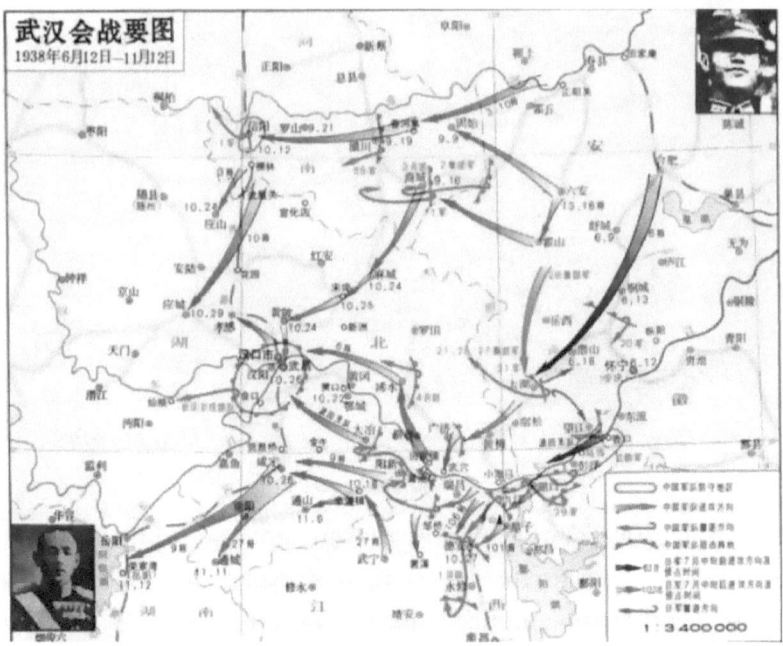

Ilustración 11: Mapa chino de la posguerra que ilustra las batallas en la zona de Wuhan. Por su magnitud, la contienda abarcó una zona del tamaño de algunos estados de EE. UU.

Como sucedió en el transcurso de toda la guerra, Japón se vio superada en número mientras que China se vio superada en armamento. Un observador del ejército estadounidense en China calculó que la fuerza de una división típica china equivalía a entre una tercera y una doceava parte de una división japonesa. Pensando en términos matemáticos, eso significaría que cien divisiones chinas equivalían tan solo a doce japonesas.

Los japoneses sabían esto, y además contaron con buena inteligencia durante la mayoría de la guerra. A menudo se ciñeron a las reglas de guerra establecidas por, irónicamente, el guerrero chino Sun Tzu, principalmente por la filosofía de golpear duro allí donde el rival es más débil. Eso significaba que, con frecuencia, Japón sometía a las unidades chinas más débiles o desmoralizadas a intensos ataques desde el aire. Además de derrotar al enemigo y obligarlo a retroceder, estaba el éxito añadido de sembrar un miedo que después se extendería a la población y a otras unidades militares chinas en la zona.

Otro problema para China eran las rivalidades y desconfianzas entre generales, así como entre Chiang Kai-shek y sus subordinados. Chiang había llegado al poder tras una serie de maniobras políticas y, si bien era el más fuerte de los señores de la guerra y había sido reconocido como dirigente del país, eso no impidió que los generales tramaran a sus espaldas, ni que dejara de sentirse paranoico teniendo o no motivos para estarlo.

Esto provocó que, a menudo, los rivales de Chiang dieran ciertas órdenes destinadas a debilitar o humillar a algunas unidades. En contraste, aunque jugaron un papel minoritario en la batalla de Wuhan, los comunistas, antes y durante la guerra, se mostraron más democráticos en su elección de liderazgo. Mao Zedong había asumido su posición de líder a principios de los años 30, pero cuando la situación se volvió contra los comunistas, fue depuesto de la mayoría de sus cargos. Más tarde, cuando la indecisión y las disputas internas plagaban las filas comunistas, Mao logró establecerse de nuevo en el poder.

Ilustración 12: Tropas nacionalistas chinas posando para fotos propagandísticas durante la batalla de Wuhan.

Las inundaciones contuvieron el avance japonés en la zona de Wuhan, pero también les dio tiempo para consolidar sus fuerzas y prepararse. Tras la caída de Anqing, los chinos establecieron una elaborada línea defensiva entre las ciudades de Anqing y Jiujiang en el cruce ferroviario de Madang. Por desgracia, dicha línea fue rodeada con éxito y Japón capturó Jiujiang. Tristemente, el mayor temor de los chinos se hizo realidad: el enemigo masacró a miles de civiles que permanecían en la ciudad.

China contaba con unidades fuertes bajo el mando del general Bai Chongxi a unos ciento cincuenta kilómetros del norte de Madang, pero a través de una mezcla de ambiciones personales, envidias, movimientos japoneses y falta de transporte, estas tropas permanecieron en su lugar hasta quedar cortadas de la línea de suministros, lo que pudo cambiar el transcurso de la batalla. A finales de julio, el general Bai Chongxi se vio obligado a retirarse, y el Kuomintang (el Partido Nacionalista Chino) consideró que la batalla estaba perdida, aunque se consiguió efectuar una retirada que permitió a muchos civiles y trabajadores huir al interior de China, donde Chiang tenía intención de establecer una nueva capital, esta vez en Chongqing. La ciudad de Wuhan cayó el 25 de octubre de 1938. El número de chinos Muertos y heridos se estima entre 600.000 y un millón. Los japoneses consiguieron reducir sus bajas hasta aproximadamente 250.000 muertos y heridos.

Tras la batalla de Wuhan, que acabó oficialmente el 27 de octubre con la captura de Hanyang, los frentes de guerra permanecieron inalterados hasta 1944/45. Incluso en el momento de su rendición, Japón controlaba buena parte de China, como puede apreciarse abajo:

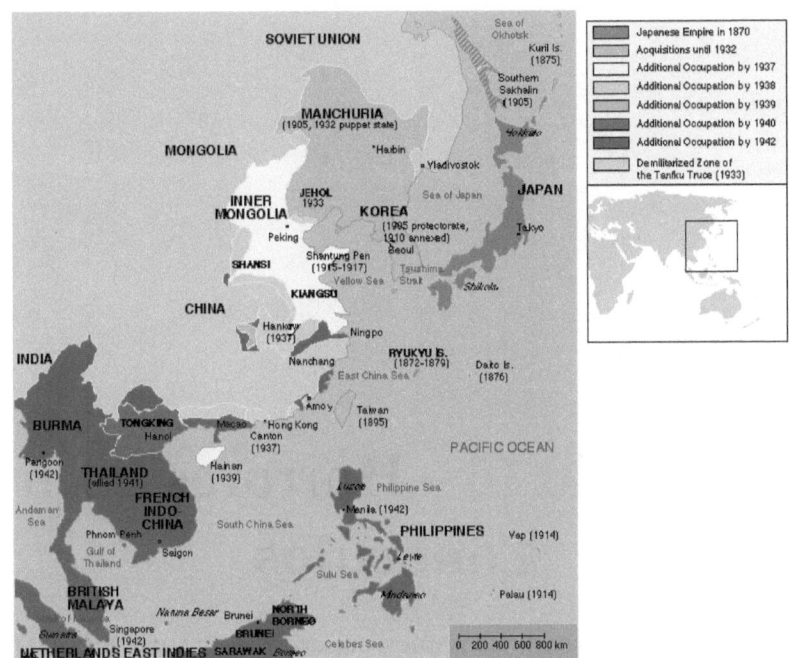

Ilustración 13: Áreas de control japonés, 1942-1944. Cortesía de Kokiri en la Wikipedia inglesa

Capítulo 10 – Horrores Poco Conocidos

En capítulos anteriores hemos mencionado que Japón utilizó armas químicas. También hemos detallado las atrocidades de Nanjing. Estos no fueron incidentes aislados: basta con fijarse en la Política de los Tres Todos (matarlos a todos, quemarlo todo, saquearlo todo). Cuando se establece una estrategia semejante, no hay ningún límite establecido y los subordinados cuentan con permiso para entregarse a sus más bajos instintos con un enemigo que, durante años, se había considerado esencialmente inferior.

Al acabar la Segunda Guerra Mundial, los aliados (sobre todo los estadounidenses) permitieron que el emperador Hirohito conservara el trono, aunque con mucho menos poder que antes. Esto se hizo para aplacar a la población japonesa, pues los americanos creían que se rebelarían si su emperador divino era apartado del puesto. Además de los problemas militares, EE. UU. necesitaba que Japón cooperara en la inminente contienda con la Unión Soviética. Aunque algunos de los más notorios criminales de guerra japoneses fueron capturados, juzgados y ejecutados, otros muchos quedaron impunes, principalmente para que Estados Unidos mantuviera contenta a la población japonesa.

En la década de los 70, Hirohito visitó Estados Unidos dos veces. En ambas ocasiones hubo protestas, principalmente a manos de los veteranos de la guerra del Pacífico, quienes veían a Hirohito como un pelele de los militaristas a la par que como un criminal de guerra. Tras la guerra, varios documentos japoneses demostraron que Hirohito y otro miembro de la familia real, el príncipe Naruhiko Higashikuni (quien también era el tío del emperador) ordenó expresamente que se usara gas venenoso hasta 375 veces solo en la batalla de Wuhan. Al igual que el emperador Hirohito, el príncipe nunca juzgado por ello.

Estas investigaciones, junto con el libro que derivó de ellas, *Dokugasusen Kankei Shiryō* (*Materiales sobre la Guerra de Gas Venenoso*), las llevó a cabo el historiador japonés Yoshiaki Yoshimi tras la muerte de Hirohito. Demostró no solo que los japoneses utilizaron armas químicas en China con regularidad, sino que lo hicieron sin el consentimiento de las autoridades del país. Yoshimi también escribió *Esclavitud Sexual en el Ejército Japonés durante la 2ª Guerra Mundial,* donde se detalla la esclavitud de un enorme número de mujeres coreanas, y también de decenas de miles de mujeres y niños chinos.

Esto nos lleva al más brutal de todos los crímenes de guerra en China, un capítulo poco conocido hasta tiempo recientes. Hablamos de la infame Unidad 731, a veces llamada Unidad de Ishii o Compañía de Ishii. Fue bautizada así por su dirigente, Shirō Ishii, un monstruo que caminó sobre la tierra durante demasiado tiempo. Y aunque lo que leerán a continuación es gráfico y perturbador hasta el extremo, lo más inquietante es quizá el hecho de que Ishii nunca fue castigado porque los estadounidenses, demasiado éticos para realizar experimentos como los de Ishii, le concedieron inmunidad hasta el final de la guerra. Quisieron aprender más sobre la investigación de armas químicas y biológicas que Ishii había llevado a cabo en su cuartel de Pingfang en Harbin, la ciudad más grande de Manchukuo. Los soviéticos, en cambio, capturaron a varios miembros de la

Unidad 731 y los condenaron por largo tiempo en gulags. Quienes sobrevivieron fueron repatriados en Japón en 1956, un intento por mejorar relaciones entre ambas naciones.

Shirō Ishii nació en 1892 en el seno de una familia de clase media y estudió medicina en la Universidad Imperial de Kyoto. En 1921 se unió al ejército como cirujano, pero prosiguió sus estudios en Tokio, donde impresionó a sus superiores y estableció contactos entre las altas esferas. En los inicios de su carrera, Ishii quedó fascinado por el potencial de las armas químicas y biológicas, y recibió permiso para recorrer Europa e investigar en esa materia con antiguos combatientes de la 1ª Guerra Mundial. En el plazo de dos años, Ishii aprendió mucho sobre las posibilidades de la guerra química.

Ilustración 14: Shirō Ishii

En 1935, Ishii se había establecido como máxima autoridad japonesa en cuanto a investigación de armas químicas y fue ascendido a teniente coronel. A principios de agosto de 1936 recibió permiso para formar la Unidad 731 (un nombre en código que en nada representaba el trabajo de la unidad, cuyo nombre oficial era Unidad 731 de Purificación de Agua) en Manchukuo/Manchuria.

Casi de inmediato, Ishii y sus compañeros, especialmente el Dr. Hisato Yoshimura, empezaron a romper todas las reglas conocidas en cuanto a ética medicinal. Al igual que los médicos nazis hicieron en los años 40, Ishii, Yoshimura y otros condujeron brutales experimentos más propios de una novela de terror que de libros de historia.

No se sabe con seguridad cuántas victimas chinas se cobró la Unidad 731, pero según sus propias palabras y documentos hallados tras acabar la guerra, los hombres de la Unidad 731 distribuyeron pulgas transmisoras de la plaga bubónica en varios lugares del territorio chino junto a la ciudad de Changde. Como resultado, se calcula que unas 250.000 personas murieron a causa de la misma peste negra que asoló Europa en el siglo XIV. También propagaron cólera, botulismo y viruela en varias zonas civiles. También infectaron deliberadamente a prisioneros, en su mayoría chinos elegidos al azar en prisiones o simplemente de las calles, aunque también había un menor porcentaje de rusos, mongoles y coreanos, y unos pocos prisioneros aliados, sobre todo estadounidenses cuyos aviones se habían estrellado en China tras atacar Japón.

Al igual que los alemanes durante el holocausto, los japoneses de la Unidad 731 usaron eufemismos para esconder sus crímenes y habituar a sus hombres a la tortura de víctimas. En los campos de la muerte de Polonia, los judíos y otras víctimas de los nazis eran "cargamento" y recibían "tratamiento especial" (es decir, la cámara de gas). En las instalaciones de la Unidad 731 en Manchukuo, las víctimas recibían el nombre de "troncos": trozos de madera listos para la experimentación y la quema.

Además de infectar a más de 3.000 personas con enfermedades, Ishii y los miembros de la Unidad 731 a menudo los mataron antes de que lo hiciera la enfermedad, pero no por cuestión de piedad. Para estudiar el progreso de la enfermedad, los japoneses hicieron autopsias a sus "troncos" antes incluso de que murieran. Por si fuera poco, lo hicieron sin anestesia.

Que la mórbida naturaleza de su trabajo los inmunizara o no contra el sufrimiento y los llantos de sus víctimas es un punto polémico (a no ser que seamos criminólogos o psicólogos), pero con el paso del tiempo, la Unidad 731 decidió realizar experimentos que van más allá de lo imaginable. En al menos una ocasión, un prisionero recibió una transfusión en la que se reemplazó su sangre con sangre de caballo. Murió en agonía.

En otros experimentos, varias personas fueron expuestas a varios tipos de quemaduras para probar los límites de la resistencia humana, así como los mismos experimentos de presión de aire que ya hicieran los médicos nazis, en los que los prisioneros entraban en cámaras selladas para someterlos a presiones bajas hasta que, literalmente, explotaban. También se les inyectó agua de mar, fueron introducidos en centrifugadoras para dar vueltas hasta la muerte, y recibieron cantidades letales de rayos X (a veces en una sola sesión). Un equipo de la Unidad 731 parecía disfrutar realizando operaciones sin propósito médico o investigativo. En ocasiones amputaron miembros para adherirlos a otras partes del cuerpo. Otros horrores incluyeron electrocuciones, ahogamientos, y pruebas de armas en cuerpos humanos.

Las prisioneras fueron repetidamente violadas, a veces por otros prisioneros contagiados con enfermedades de transmisión sexual. Otras mujeres fueron deliberadamente fecundadas solo para torturarlas después y ver si el feto sobrevivía. Los bebés que no murieron de esta forma fueron abortados o asesinados poco después de nacer.

Hisato Yoshimura fue el responsable de experimentar con la resistencia humana al frío extremo. Hombres, mujeres y niños fueron congelados hasta desarrollar gangrenas por congelación. Uno de los experimentos que esta pobre gente soportó (aparte del dolor extremo por congelación y gangrena) fue ser golpeados y tajados por instrumentos quirúrgicos para probar su tolerancia al dolor durante la congelación. Sumergieron sus extremidades en agua helada y después las expusieron al aire gélido del invierno en Manchukuo. Los japoneses intentaron "descongelarlos" después con fuego. La lista de atrocidades cometidas por esta unidad es demasiado larga como para continuar.

Quienes estaban al mando sabían de la Unidad 731. La unidad no podría haber operado en zonas bajo control japonés sin su conocimiento, pues las tropas japonesas necesitaban evitar las zonas infectadas y los prisioneros procedían de otras áreas controladas por Japón.

Cuando acabó la guerra, Ishii y sus compañeros trazaron un plan con el que pretendían virar las tornas de la guerra: infectar la costa oeste de los Estados Unidos con las mismas pulgas que habían soltado en China. Por suerte, la operación "Flor de Cerezo Nocturna" nunca se llevó a cabo, pues la guerra ya estaba tocando a su fin cuando empezaron a diseñarla.

Ishii y la mayoría de los miembros de la Unidad 731 recibieron inmunidad. La prensa y el gobierno japonés nunca hablaron del asunto, y hasta los últimos treinta años, los hechos tampoco fueron discutidos públicamente en China. Hoy es posible visitar las instalaciones de la Unidad 731, convertida en un memorial.

Ilustración 15: Campo de la Unidad 731

No hay que olvidar que las atrocidades del conflicto no fueron en una única dirección. Hubo muchos casos de soldados japoneses torturados y masacrados tras su captura, y también tras el término de la guerra. Si bien esto no disculpa en absoluto esta clase de actitudes, debería observarse que los crímenes de guerra chinos se produjeron en forma de acciones aleatorias y no como resultado de una política gubernamental como la de los "Tres Todos".

Capítulo 11 – Amigos

En 1940, los japoneses invadieron la Indochina francesa (hoy Vietnam), aprovechándose de la debilidad de Francia en ese territorio tras la ocupación nazi de su país. Esto se hizo en conjunción con una ofensiva japonesa en el sur de China y una importante refriega contra el ejército chino en la provincia de Guangxi, que hace frontera con el norte de Vietnam y el mar del Sur de China. Aunque la batalla se saldó con una derrota para ellos, los japoneses consiguieron igualmente acceder a Vietnam y añadir dicho territorio a su imperio.

La batalla del sur de Guangxi y la invasión de Vietnam tuvo varias consecuencias. Desde una perspectiva global, acercó a Japón a una guerra contra EE. UU. Desde una perspectiva local (aunque igualmente extensa), los chinos, pese a haber ganado militarmente la batalla del sur de Guangxi y obligado a Japón a retirarse a zonas costeras fortificadas, la posterior invasión japonesa de Vietnam rompió varias líneas de suministros a los territorios que China controlaba. A partir de entonces, los chinos deberían traer sus suministros de la Unión Soviética (que les envió suministros limitados) o de la zona de la India británica o Birmania. Ambas rutas eran notablemente difíciles.

Los chinos, al no ser capaces de expulsar a los japoneses de su propio país, tampoco pudieron hacer nada por ayudar a los franceses ni a los vietnamitas en su lucha contra Japón, que había solidificado su dominación en el mar y podía reabastecer a sus tropas en Vietnam con facilidad.

Otra consecuencia de la invasión de Indochina fue que empujó a Estados Unidos a un conflicto político, económico y, con el tiempo, militar con Japón, además de provocar que cada vez más aislacionistas estadounidenses se volvieran contra Japón (y su aliado, Alemania).

La conquista japonesa de Vietnam fue relativamente poco sangrienta. Aunque hubo algunas refriegas ocasionales entre tropas francesas que desobedecieron las órdenes del gobierno colaboracionista en Francia, la mayoría de esas tropas se echaron a un lado cuanto los japoneses entraron en escena. Al principio, muchos vietnamitas fueron engañados por la propaganda japonesa, que extendía la idea de que estaban luchando contra los europeos por sus hermanos asiáticos ("Asia para los asiáticos" era su eslogan). A la gente le bastó con ver cómo Japón trataba a coreanos y chinos para darse cuenta de que los "asiáticos" de su eslogan se refería únicamente a los japoneses. A medida que Japón imponía su ley brutal en Vietnam, los vietnamitas empezaron una guerra de guerrillas contra ellos.

Estados Unidos, que ya estaba enfurecida por lo que Japón había hecho en China (incluyendo varios ataques "accidentales" contra barcos fluviales estadounidenses, encargados de proteger sus concesiones e intereses y, en ocasiones, enviados allí a petición del gobierno de Chiang Kai-shek), amenazó con sancionar económicamente a Japón si emprendían agresiones en Indochina. Cuando lo hicieron, EE. UU. cortó oficialmente todo comercio con Japón, especialmente el de acero, carbón y petróleo.

Como se ha mencionado anteriormente, la maquinaria militar japonesa dependía de esos tres recursos. Sin ellos, prácticamente toda actividad militar se vería interrumpida.

Acorralados en su propia esquina, Japón no solo empezó a tramar un ataque contra la flota estadounidense en Pearl Harbor, sino también un plan para expulsar completamente a EE. UU. del este del Pacífico. Atacarían los territorios estadounidenses de Filipinas, Guam y Wake Island entre otros. Mientras tanto, Japón intentaría derrotar a otra amenaza, Gran Bretaña, una aliada de Estados Unidos que contaba con una considerable flota en el Pacífico para proteger sus intereses en Hong Kong, Singapur y Malasia.

Como sabemos, los japoneses vencieron a corto plazo. EE. UU. fue expulsada del este del Pacífico, los británicos fueron derrotados y la flota americana sufrió enormes daños en Pearl Harbor.

Otra consecuencia del ataque japonés fue que el presidente de los EE. UU., Franklin Delano Roosevelt, empezó a enviar mucha más ayuda a China. Si bien muchos ciudadanos y miembros del congreso estadounidense simpatizaban con los chinos, también había preocupación por implicarse en una guerra tan lejana. Sin embargo, cuando Japón atacó directamente a Estados Unidos, se desenterró el hacha de guerra.

Antes de Pearl Harbor, Franklin Roosevelt había autorizado en secreto a un grupo de pilotos y operarios de cazas a luchar contra los japoneses en China, ya fuera en secreto o bajo mando chino. Hablamos del Grupo Voluntario Americano (el AVG), más conocido como "Los Tigres Voladores".

El AVG estaba bajo el mando Claire Chennault, un oficial del ejército estadounidense a quien básicamente se le había obligado a retirarse del Cuerpo Aéreo del Ejército debido a su naturaleza difícil y su mal oído. Chennault era un piloto prestigioso y había estudiado tácticas aéreas durante mucho tiempo, como cuando dirigió un equipo acrobático destinado a perfeccionar y enseñar tácticas y maniobras de persecución. Cuando se retiró, se fue a China en busca de una vida mejor. Allí, en la década de 1930, los chinos contrataban a muchos asesores militares extranjeros para que les ayudaran a luchar contra los japoneses. Chennault se convirtió en uno de los pocos pilotos americanos, ya fueran civiles o militares, que ayudaron a establecer las fuerzas aéreas de China en 1937. Ya al año siguiente, Chennault era el responsable de entrenar a todos los pilotos foráneos para ayudar a China (con la excepción de algunos soviéticos que trabajaron secretamente contra Japón hasta 1939, cuando fueron llamados a luchar contra Finlandia y en la previsible guerra contra Hitler.)

El superior inmediato de Chennault era nada menos que Soon Mei-ling, la esposa del generalísimo, también conocida como Madame Chiang. Aunque mucha gente tenía una mala impresión de ella, Madame Chiang, con los contactos de su acaudalada familia y el apoyo de su marido, también podía ser encantadora cuando quería. Llegado el momento, su influencia en Washington podía ser muy útil.

En primavera de 1939, Chennault y cuatro oficiales chinos de alto rango fueron a Estados Unidos por orden de Chiang Kai-shek. Por entonces, la fuerza aérea china, que ya había luchado con valentía en alguna ocasión pese a estar en desventaja contra Japón, se encontraba muy maltrecha, lo que es una forma educada de decir que casi había desaparecido. Chiang envió a Chennault a los EE. UU. a finales de 1940 para intentar conseguir financiación, aviones y pilotos con los que formar una gran formación de escuadrones estadounidenses.

El hermano de Madame Chiang, un influyente banquero llamado T.V. Soong, ya estaba en Washington presionando a Roosevelt para que apoyara la idea de juntar Boeings B-17 estadounidenses con la fuerza aérea china y bombardear Tokyo. La campaña de Soong llegó a su cumbre entre otoño e invierno de 1940, justo antes del ataque japonés contra Pearl Harbor. Fue entonces cuando llegaron Chennault y compañía.

La AVG nació en una de las reuniones que mantuvieron con representantes estadounidenses. No bombardearían Tokyo, pero Chennault recibió luz verde para reclutar pilotos americanos y llevarlos a China para luchar contra los japoneses. Casi todos los implicados creían que era cuestión de tiempo hasta que EE. UU.

fuera a la guerra con Japón, y que luchar contra los japoneses en China les daría una experiencia muy valiosa para cuando estallara la guerra. Y ocurrió exactamente de ese modo. Entre los pilotos de la AVG que después regresaron para luchar por su país y adiestrar a sus compatriotas estaba Gregory "Pappy" Boyington, el fundador del famoso escuadrón de marines "Oveja Negra" y uno de los mejores ases de la guerra del Pacífico.

Cuando la AVG entró en activo en China, la guerra entre EE. UU. y Japón ya había estallado, aunque la mayoría de los pilotos y tripulantes del grupo permanecieron en China. No solo habían firmado contratos: también sabía que seguramente pasaría mucho tiempo hasta que tuvieran una oportunidad para combatir si regresaban a casa.

Por supuesto, los Tigres Voladores son conocidos por sus famosos Curtiss P-40 Warhawks y sus bocas de tiburón pintadas en el morro. La idea de dicha pintura distintiva procede originalmente de los alemanes. Fue adaptada por los británicos y después por la AVG. El morro también distinguía al grupo, pues, aunque volaban junto a pilotos chinos, sabían que los japoneses los reconocerían de inmediato como estadounidenses que pilotaban aviones con marcas chinas.

La AVG produjo diecinueve ases (pilotos que han derribado a cinco o más aviones). No llegó a haber más de sesenta estadounidenses volando a la vez, pero siempre parecieron más debido a su valentía, su destreza y el efecto que causaban sus distintivas chaquetas con los "tigres voladores" en la espalda.

No menos impresionante que su fama era su registro. Aunque hay discrepancias entre las cifras de bajas confirmadas de los Tigres Voladores (sobre todo entre el número de aviones derribados en combate y el número de aviones destruidos en tierra), nos fiaremos del experto en aviación Erik Shilling, que también fue miembro de los Tigres Voladores: 297 aeroplanos destruidos (160 en combate, 137 en tierra) con una pérdida de 19 hombres. Sí, diecinueve. Y de esos diecinueve, solo cuatro fueron derribados. El resto perecieron en colisiones o bien fueron capturados tras ataques japoneses a bases aéreas. Los japoneses afirmaron que habían derribado a unos 500 Tigres Voladores, pero la AVG nunca contó con tantos hombres en sus años de combate.

Por supuesto, los Tigres Voladores fueron solo el aspecto más famoso de todos los esfuerzos que EE. UU. y el Reino Unido pusieron en aprovisionar a China en su lucha contra Japón. Las dos rutas de acceso al país más famosas eran la Carretera de Birmania y la llamada "Joroba".

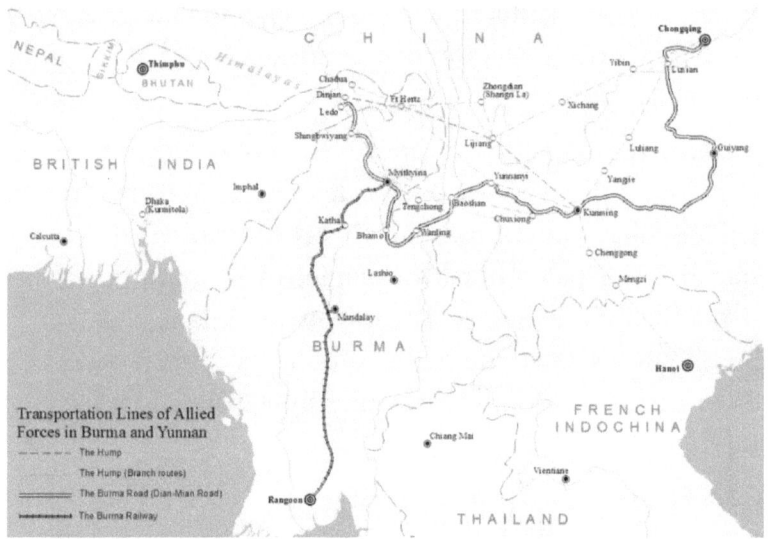

Ilustración 16: Mapa que muestra las rutas de la Carretera de Birmania y la Joroba. Cortesía de SY, wikicommons

La Joroba era el apodo de algo bastante más grande: la cadena montañosa más alta del mundo, el Himalaya. La Carretera de Birmania tampoco es un nombre que haga justicia, pues esa "carretera" se utilizaba para traer suministros de la India británica a Birmania y luego a China. Se trataba de un conjunto de rutas y no solo una, en su mayoría sendas a través de la jungla más que carreteras. Ambas rutas estaban llenas de peligros, y muchas personas dieron la vida intentando ayudar a los chinos.

Volando desde la India, los pilotos británicos y americanos, pilotando en su mayoría Douglas DC-3 estadounidenses (conocidos en el ejército como C-47) tenían que llevar sus habilidades y aeroplanos al límite para sobrevolar las cumbres del Himalaya. En realidad, con máxima carga, los C-47 no podía sobrevolar las montañas, sino que tenían que rodearlas, una empresa quizá aún más arriesgada. Las temperaturas gélidas y los fuertes vientos se cobraron previsiblemente muchas vidas. En ocasiones, las pérdidas fueron tan grandes, o el clima tan intempestivo, que las líneas de suministros tuvieron que interrumpirse temporalmente. Cerca de 1.200 pilotos aliados perecieron sobrevolando la Joroba, con una pérdida de unos 700 aviones. De esos 1.200 hombres, 500 nunca fueron encontrados. Muchos sabían que, si sobrevivían a un accidente, morirían a causa del clima o bien serían capturados por los japoneses (quienes los torturarían primero), así que reservaban una bala para sí mismos.

En la época de mayor actividad, había un avión sobrevolando la Joroba cada dos minutos. Así de vital era su misión. Cerca de 84.000 hombres y mujeres (sobre todo enfermeras y personal administrativo) trabajaron por entregar unas 10.000 toneladas al mes. No debería olvidarse que más de dos millones de trabajadores indios y chinos levantaron los aeródromos necesarios para la empresa, principalmente a mano. Obviamente, no cualquier tipo de suministro podía transportarse de este modo: nunca se desplazaron tanques ni cañones a través de la Joroba. Esa era una de las razones por las que se utilizó la Carretera de Birmania.

Como hemos dichos antes, la Carretera de Birmana era en realidad un grupo de carreteras que enlazaban puertos controlados por los ingleses en el sur de Birmania con el sur de China. La carretera ya se utilizaba antes de que EE. UU. o Gran Bretaña entrara en guerra con Japón. Operó desde 1937/38 hasta 1942. Durante un período de 1940, las amenazas y la presión diplomática japonesas consiguieron que los británicos cerraran la carretera durante tres meses, aunque las reabrieron a ruego de China.

Ilustración 17: Esta foto suele confundirse con una parte de la Carretera de Birmania, aunque se encuentra en China. Este era, sin embargo, el aspecto de buena parte de la ruta birmana

Los 1.150 kilómetros de la Carretera de Birmania permitieron a los británicos desplazar cientos de miles de toneladas de suministros hasta 1942, cuando Japón invadió Birmania con el objetivo principal de poner fin a la línea de suministros. A principios de 1945, cuando los japoneses fueron expulsados de Birmania, la carretera se reabrió hasta la conclusión oficial de la guerra.

En total, Estados Unidos envió más de 1.600 millones de dólares en ayuda a China durante la guerra. En 2019, esa cantidad equivaldría a 30.000 millones de dólares.

Conclusión – El Fin de la Guerra

Tras la batalla de Wuhan en 1938, los nacionalistas chinos trasladaron su capital a la ciudad interior de Chongqing (conocida entonces en occidente como Chunking). Por entonces, sus ejércitos estaban maltrechos y faltos de suministros, tal como hemos explicado en el capítulo anterior. Aun así, salvo algunas excepciones, la moral estaba relativamente alta. Pese a perder buena parte del sector oriental del país, especialmente las regiones costeras, China tenía pruebas de que podía derrotar a Japón en combate. Con la oportunidad de reagruparse y adquirir mejor entrenamiento y equipo (China no tenía los recursos ni la base industrial necesaria para hacerlo, salvo a pequeña escala), los chinos se sentían seguros de poder vencer a su enemigo.

Había numerosas razones para creerlo, y también muchas razones para dudarlo.

Desde una perspectiva optimista, los chinos habían demostrado que, con buen armamento y liderazgo, podían derrotar a los japoneses. Los líderes chinos y aliados sabían también que, tal como los japoneses empezaban a darse cuenta, Japón lo tenía casi imposible para conquistar todo el país, lo que significaba que seguramente perderían la guerra. La población china era demasiado numerosa; sus rutas de suministro posibles, demasiado extensas; y los aliados chinos demasiado ricos (y ganando en poder día a día). Cuanto más durase la guerra, más probable sería la derrota japonesa.

A finales de la década de los 60, China y la Unión Soviética se enfrentaron brevemente en una disputa fronteriza. Las razones de este conflicto no son importantes para el tema que nos ocupa, pero en la época existió en chiste que circuló entre los mandos de las fuerzas armadas estadounidenses: "El primer día, los soviéticos mataron a un millón de chinos. El segundo, a dos millones. El tercero, a tres millones. Al cuarto día, los soviéticos se rindieron". La población china y su potencial militar eran demasiado grandes para que los japoneses pudieran ganar.

Los historiadores sugieren que hubo 22 batallas importantes en la segunda guerra sino-japonesa. Las más importantes ya se han mencionado en este libro. Después de 1938, las batallas libradas no cambiaron notablemente la situación, aunque algunas acabaron con victoria para China. Los japoneses, debido a sus ventajas en fuerza aérea y naval, siguieron controlando grandes porciones de los sectores más poblados de China, principalmente en su línea costera, y mantuvieron el control hasta que terminó la guerra.

Sin embargo, durante el resto de la guerra no solo se libraron batallas enormes y costosas (tanto en bajas civiles como militares), sino también una serie interminable de pequeñas escaramuzas, así como asaltos guerrilleros por parte de los comunistas, que acrecentaron su popularidad durante la guerra. Al igual que los americanos experimentarían en Vietnam unos 25 años después, los japoneses fueron víctimas de una constante, agotadora guerra de guerrillas tanto en zonas fronterizas como dentro de las propias ciudades y aldeas chinas bajo control japonés. Muchas bajas civiles de la guerra se produjeron en actos retributivos de los japoneses, que respondieron con violencia a los incontables ataques contra sus tropas e instalaciones. Siendo justos, muchos de los japoneses capturados en estas batallas descubrieron que habría sido mejor morir en combate. Quienes piensen que los japoneses preferían matarse antes que rendirse deberían que saber que muchos de ellos, sobre todo al final de la guerra, se dejaron capturar.

En verano y otoño de 1944 hubo un "último hurra" para Japón. La batalla de Changsha se llevó a cabo para conectar los territorios que Japón controlaba en Corea con Manchuria/Manchukuo, así como para unir a muchos enclaves japoneses en el sur de China. La batalla terminó con victoria para Japón, aunque decenas de miles de japoneses murieron durante los tres largos meses del enfrentamiento.

La batalla se libró en torno a Changsha, la capital de la provincia de Hunan, aunque en realidad comprendió muchas refriegas en una zona extensa, al igual que la batalla de Wuhan. Los chinos sufrieron unas 100.00 bajas frente a las 70.000 de los japoneses; sin embargo, los chinos podían "permitírselo" con mayor facilidad. Muchas tropas japonesas que participaron en la batalla llegaron en un momento en el que Japón necesitaba a su armada para luchar contra EE. UU. en el Pacífico, y sus números ya estaban mermando, pues Japón empezaba a perder la guerra. Como resultado, muchos de los 500.000 hombres que lucharon en la batalla de Changsha se quedaron varados en China cuando se los necesitaba desesperadamente en otra parte.

Cuando Estados Unidos lanzó dos bombas atómicas sobre Japón en agosto de 1945, su aliado, la Unión Soviética, cumplió con un acuerdo pactado en una fase primeriza de la guerra y declaró la guerra a Japón. Muy poco tiempo después, los ejércitos japoneses en Manchuria y el norte de China fueron derrotados por una conjunción de tropas soviéticas y soldados comunistas chinos.

Por su parte, EE. UU. y sus ejércitos nacionalistas chinos se apoderaron rápidamente de las zonas costeras previamente ocupadas por Japón. También entraron en el sur de Corea mientras los soviéticos avanzaban hacia el norte.

Todo esto sembró un escenario perfecto para que la guerra entre comunistas y nacionalistas chinos, que ya se había producido antes de la invasión japonesa y el Incidente del Puente de Marco Polo, se resumiera. El conflicto entre los comunistas, cada vez más motivados, y los nacionalistas, cada vez más desmoralizados, corruptos y divididos, empezó casi de inmediato, y solo ganó en intensidad hasta que Chiang Kai-shek fue derrotado y escapó a Taiwán.

Vea más libros escritos por Captivating History

Fuentes

Auer, James E., and Tsuneo Watanabe. FROM MARCO POLO BRIDGE TO PEARL HARBOR: WHO WAS RESPONSIBLE? 2006.

Bishop, Chris. THE ENCYCLOPEDIA OF WEAPONS OF WORLD WAR II. Sterling Publishing Company, 2002.

Chang, Iris. THE RAPE OF NANKING: THE FORGOTTEN HOLOCAUST OF WORLD WAR II. Mountain View: Ishi Press, 2012.

Dear, Ian, and Michael R. Foot. THE OXFORD COMPANION TO WORLD WAR II. New York: Oxford University Press, USA, 2001.

Peattie, Mark, Edward Drea, and Hans V. Ven. THE BATTLE FOR CHINA: ESSAYS ON THE MILITARY HISTORY OF THE SINO-JAPANESE WAR OF 1937-1945. 2013.

Spence, Jonathan D. THE SEARCH FOR MODERN CHINA. New York: W. W. Norton & Company, 1990.

Yoshimi, Yoshiaki. GRASSROOTS FASCISM: THE WAR EXPERIENCE OF THE JAPANESE PEOPLE. New York: Columbia University Press, 2015.

www.ingramcontent.com/pod-product-compliance
Lightning Source LLC
LaVergne TN
LVHW041643060526
838200LV00040B/1689